Le Moine de Saire

et

Histoire Biographique

du Val-de-Saire

LE POITTEVIN JEANPOT

Le Moine de Saire

et

Histoire Biographique du Val-de-Saire

IMPRIMERIES LOUIS LUCE

VERSAILLES | VALOGNES
7, Rue Saint-Pierre | 17, Rue des Religieuses

1897

LE POITTEVIN JEANPOT

Le Moine de Saire

et

Histoire Biographique du Val-de-Saire

IMPRIMERIES LOUIS LUCE

VERSAILLES   VALOGNES

7, Rue Saint-Pierre   17, Rue des Religieuses

1897

Préface

Le vieux port de mer de Saint-Waast-la-Hougue, qui s'élève entre la presqu'île de Tatihou et la chaîne de montagnes qui fait face à la mer, domine toute la vallée de la Saire.

Ce pays du Val-de-Saire fait en partie l'objet de la présente histoire biographique, et montre avec un certain orgueil bien des fragments d'un vieux passé des temps les plus reculés, mais avec de grands regrets, les vieux restes d'une commune disparue presque en entier, entre Morsalines et La Hougue, dont il ne reste qu'une petite chapelle près du pont Rasoir, nommée chapelle d'Isamberville, nom de la paroisse disparue dans la baie de La Hougue, près de cette chapelle, un grand bâtiment du moyen âge, démoli en 1886 ; comme on le voit, ces vieux restes attestent d'une manière irrécusable l'existence d'Isamberville.

La Hougue (Ogigies) était autrefois une baronnie, qui fut donnée au bâtard de Bourbon ; c'est encore un vieux reste qui atteste dans le Val-de-Saire, comme le vieux château de Réville, du moyen âge, qui a subi le siège des Anglais ; ce vieux domaine des Giron a, depuis un siècle, changé plusieurs fois de mains, et, tout récemment, M. Postel, consul au Havre, s'en est rendu acquéreur.

Je m'attache donc tout spécialement

à mettre sous les yeux de mes lecteurs la copie du testament d'Aurélie de Quétil, qui se rattache à la famille des Giron, échappé miraculeusement aux incendies du château de Réville, tout heureux de lui avoir rendu le jour, pour attester aux âges futurs, que là, est né le Moine de Saire, qui, selon la vieille tradition, fut le fléau des habitants du pays.

Le style et la composition de ce titre, dont est la copie, me fait un devoir de le reproduire avec l'orthographe de ce temps, et de la mettre en comparaison d'un autre testament, fait à quatre lieues du premier; deux siècles se sont écoulés entre leurs dates respectives; le premier fut fait, comme on le voit, à Réville, et le deuxième à Tamerville, près Valognes; mes lecteurs apprécieront la différence qui existe entre les deux titres, par les dictons et proverbes; pour le premier, on se croirait dans les antipodes, tandis que le deuxième est presque régulier.

Le Val-de-Saire avait, en tout point, une tradition à lui, et aujourd'hui, malgré les phases des temps qui se sont écoulés, il en a conservé vivante une partie, dont on retrouve encore les traces au foyer, quand il s'agit de baux et de quittances.

Je me suis proposé et imposé même d'établir cette petite histoire, m'attachant principalement à la description des ravages qui se sont opérés entre la terre et la mer, omise par les historiens jusqu'à ce jour.

C'est aussi avec bonheur que je manifeste ma joie d'avoir arraché du néant les deux titres qui suivent. Je sens d'avance celle de mes lecteurs sur ces vieux parchemins, qu'ils liront avec intérêt et qu'ils apprécieront selon leur vieux âge et leur mérite.

Le Moine de Saire

D'après le titre provenant des Archives
du Château de Réville

Cejourd'hui, 24e de juin mil quatre cent septante six de J.-C.

My Bonne Aurélie Victoire de Quétil, dame de Montfarville, Octeville et Le Vicel, veuf du haut et puissant seigneur Jéhan de Giron, écuyer et seigneur de Révil Carquebut et Tourlaville ; envieuse de faire à sçavoir es générations futures l'évènement myraculeux duquel fust témoin oculaire et par crainte de trahison fausse, par outrance et diminution, ay écrit copie fidèle de ce, et ay fié ycelle en terre au pied du troisième maronnier de not venelle de l'Est, et anfouy portrait bien tiré de la dite scène, par Jéhan Louis Lecrestey, abbé de Saint-Martin de Révil, homme érudit et moult expert ès arts et ès sciences.

Au troisième jour de décembre mil quatre cent septante, entour la deuxième heure de relevée, estions autour l'astre, my, not époux, not fils et lou frère de not époux qu'estoit moine et incore l'abbé Lecrestey et moult varlets et chambrières qui vacquoient à leur besoigne ; froideur estoit grande et fort feu brûlant en l'astre de not grand office de Révil, not époux asvoit soixante ans d'âge, estoit rouse, haut et fort asvoit servi jadi Karle Septième contre l'Anglais, et estoit, au dire de chacun homme just et considérable et puissamment riche, quant ès varlets, chevaux et aussi vacques laiteuses, my pot érudit, n'ayant pot accoutumance, dire en son langage (Rapierre de gentilhomme est moult préférable à plume de Bailly).

Marié à ly et oncques ne me rendit mal contente, quoique d'humeur guerroyeuse, ayant seul fils grandement malsain, qui fut Louis Giron, d'humeur tendre et carraissante, non plus érudit que lou son père, quant à my aismois moult cansons et lectures et garder en mémoire moult romances de

cavalerie, et moult oraisons de lytur-
gie sainte, ayant couru fort lou monde
et visité avecques fréquence Barofleur
et Valoignes, pour lou moine, asvoit
quatre années moins que not époux,
mais plus grossier et barbu d'excès et
vestu à la manière des bestes, asvoit
figure rouge d'ivroigne et busvoit quatre
post de berre par jour et en pus la cho-
penne, vivoit avecque my et habitoit
chambre au manoir, la plus élevée,
tournée au nord, estoit moult craint et
détesté fort, car ly violent et brutal,
surtout estant beu, my détestoit fort et
oncques n'asvoit d'amoisseau por mé,
my cassoit ma laine muchoit my que-
nouille et cisert et minchoite coiffes et
ambulos, et my plaçoit en scabeau

moult épingl et égul à seule fin de pi-
quer mé; or, my larmoys et ly invec-
tivoit my, disant, larmoyeuse et bes-
tiale. Or donc, syre Jéhan et son fils
Louizot, fabriquant bourre à mousquet,
labour que ly estimoit par délectation
et malignité, l'abbé Lecrestey lusoit
en haut, histoire de petit homme, ro-
man moult rigolo et tous gaudissions
à la manière des bossus, sauf lou moine
que oncques ne gaudissoit.

Soudennement frappoit et entroit en
salle, Pierre Tesson, lequel sire Jehan
asvoit mandé à effect de réclamer à ly
dette conséquente de très chents livres,
que ly estoit redevable pour la pasture de
Sus-Saire, entour une Toussaint, Adeste

estoit chanté deja, et oncques ne soldoit ; Maistre Pierre Tesson, ly pot accoutumance de ce et soldoit chaque an et jour, et estoit por syre Jehan, sujet considérable, et cria avecque forte colère vilain solde mé ou tiens té por certain de moury, bon chanvre est en grenier à seule fin de serrer le col de té et potinge expicle té…. Mais Maistre Pierre tremblant tout plein, héla, héla, messyre my pot culpable, ay soldé en temps et leu les susdittes très chents livres, et ne dis pus rin chose nulle, puis déclara asvoit remis ycelles ès main de lou moine par rouse d'absence du seigneur, et affirmoit par serment du très saint évangile.

Ce que ayant ouy, lou moine cessa de fesser lou petit sauf grain et voulut sorty, mais syre Jéhan, halaly et dit fresre presche à mé, et dis mé si tout est souvenance de té, lou moine s'irrita fort et invectiva syre Jéhan, disant depuis qui temps asvois por fresre un larron et faites incore plus considérables ès serments de vilain qu'à parole de moine faites prendre ly comme imposteur et débiteur, car oncques ney reçu chose nulle, jure! ce dit Pierre Tesson, et lou moine jura et dict! que Satan emporte mé, si, toute parole dicte par mé n'est pas pure vérité.

Lou moine asvoit parjuré et asvoit en effect reçu les dites très chents livres en un jour que messyre Jéhan estoit allé chasser lou sanglier es forest de Houguet et de Maltot conjointement avec syre de Cabourg.

Lou moine ne fust pot un regret por my, car ly malin et invecti estoit méchant crétien et oncques n'assistoit à messe ny à vespres, et aussy faisoit grasse chère durant vendredi et samedi, affirmoit ne pot croire en Dieu, por lors il estoit fils de Satan.

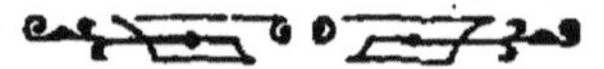

Songe ou Prédiction de Lou Moine

Un coup entour la pentecoste mil
quatre cent septante et un, entour
onze heures du soir estois couchée en
my cabinet et dormois profondément,
tout à coup grand demangement vint à
my, my frottant l'œil révant chouette
hideuse, eus appréhension considérable
aussi larmois et hurlois, por lors la
chouette prescha à mé et dict : Aurélie
éveille té, et ays souvenance de toutes
choses : Syre Jéhan et son fils Louizot
qui sont en té grand affectionnement,
créveront, lou cloche de Saint-Eloy

tombera à néant et aussy ycelle moult plus grandiose de Saint-Martin de Révil (et mes larmes déculplaient) les closets por té de Tatihou qui sont propriété de té seront mangeois par la mer, et ycelle adviendra en un temps dré devant Cabourg (et ce parut à mé grande imposture).

La tourelle du chastet sera brulée et ne restera que corps du manoir, aussy adviendra religion autre qui divisera lou monde, voila de toutes parts, luttes, batailles et sang versé (et sur ce mé signé trois coups) Révil sera mis en estat de siège par gens d'armes nombreux, puis la propriété de Révil quittera famille de té et ira és mains étrangères lesquelles croîteront moult le chastet, mais à peine l'ornement est fait que lou seigneur en est chassé et tous les seigneurs d'entour la France, gens d'armes occupent lou manoir, toute croix est volée, coupée et mise au feu, tout colombier est avolo, Saint-Martin de Révil est fermé (my signant trois coups et adora Dieu humblement) por lors famille toute nouvelle vint au manoir, et quelque sang de Quétil coule en leurs veines (ce fut por mé grande jouissance).

Le chastet estant rebasty, la grande cour sera séparée du grand manoir, Saint-Martin et Saint-Eloy seront relevés et en tout point nombre de christets seront posés.

Lou pont de Sayre a des portes, la

rivière rentre en son lit, grand nombre de vacques laiteuses paistront en pleine grève (sur quoy fort rire attaqua mé) enfin tout crétien saura lire et se vestira de laine, toutes ces choses arriveront après moult années et sur ce la chouette disparut.

Depuis ay vu déjà moult accomplissements de mon songe ; not époux est defunt de 73 et not fils Louizot de 74, et ly por mé vif chagrin, toutefois héritoi de ly, et mé defunte de Révil, adviendra à mon neveu Guillaume de Quétil et de Montfarville, lequel fera dire moult oraisons por mé pauvre âme.

La mer a en effect opéré moult

ravages et a mangé nombre de closets
jouxte Tatihou, qui à sen quand on
arrête ycelle; la tour du manoir a
tombé le 14 juin mil quatre cent
septante cinq, et en une même année la
cloche de Saint-Eloy s'est anéantie,
por lors fust blessé par chute de la
cloche, Pierre Pylard qui faisoit dévotion à côté de son seigneur et maistre
syre Hervé de la Sauvagerie; Saint-
Martin a tombé, hélas, hélas ouvrage
conséquent fait des deniers de notre
bisaïeux père Martin de Giron, de qui
estois bru et my honny inperpetum,
aussi laisseroi moult or et argent à
effect de faire dire moult oraisons qui
feront moult balance és diablations de
lou moine aujourd'huy placés en terre

au pied du troisième maronnier de not venelle de l'Est, somme conséquente de dix mille livres por les pauvres et lou restant à effect d'ériger une léprosoire en laquelle sera admis tout être malsain homme d'arme comme manant, ayant eu une forte souvenance que Dieu, not Père estoit bon por tous les hommes.

Testament de Boisgingant

Chapelle de Rouville

« A tous ceux qui ces présentes
« lettres verront, le seigneur garde
« des sceaux royaux des obligations
« de la vicomté de Vallognes, salut,
« savoir faisons que :

Par devant Nicolas Samuel, avocat,
notaire royal gardenotte commis par
Sa Majesté en la ville et banlieue
du dit Vallognes; fut présent en sa
personne Jacob de Lamperière, écuyer
sieur de Boisgingant et de Rou-

ville, lequel avec dévotion et désirant son salut, de sa femme décédée et de ses enfants et successeurs, parents et amis, vivants et trépassés, en considérant que la situation du manoir seigneurial du dit lieu de Rouville, situé en la paroisse d'Orglandes, est éloignée de l'église de la dite paroisse et la difficulté des mauvais chemins pour y aller pendant les pluies, a désiré faire construire et bâtir sous la permission de Monseigneur l'illustrissime et révérendissime évêque de Coutances, une chapelle dans le dit manoir seigneurial, au lieu le plus commode et qui sera trouvé à propos par mon dit seigneur proche icelui; a pour cet effet donné et aumoné la somme de sept cents livres,

tant pour la dite construction que pour
acheter les ornements nécessaires pour
la décoration de ladite chapelle, fournir
un calice et patène d'argent, une cloche,
quatre chasubles, deux aubes et autres
choses nécessaires pour la décoration de
la dite chapelle autre d'icelle ornements
du prêtre qui sera nommé pour y desservir, laquelle somme de sept cents livres
sera prise sur la valeur et estimation de
ses meubles au cas où le dit sieur de
Boisgingant décéderait avant la construction de la dite chapelle auquel cas
il y sera travaillé incessamment avec la
permission comme dit est de mon dit
seigneur de Coutances, à laquelle chapelle sera dit et célébré par le dit chapelain quatre messes chaque semaine,

savoir : tous les dimanches · et fêtes
d'icelle, au jour du décès dudit sieur
de Boisgingant et les autres jours qui
seront réglés à la volonté du sieur do-
nateur ou ses successeurs qui possède-
ront le dit fief et terre de Rouville,
laquelle sera annoncée et dédiée sous
le nom et invocation du bienheureux
Monseigneur Saint Jean-Baptiste, pour
fondation et dot perpétuel de laquelle
chapelle, il a donné la somme de dix-
huit cents livres qui seront pareillement
pris sur la valeur et estimation des dits
meubles pour acheter fond et rente jusqu'à la concurrence et valeur de cent
livres de rente foncière qui seront par
eux payés au prêtre chapelain de la dite
chapelle à la fin de chaque année lequel

sera tenu de fournir, pain, vin et cire,
et dire à la fin de chaque messe un
libera de profundis et suffrages accou-
tumés à laquelle chapelle le dit seigneur
fondateur s'est réservé le droit de présenter un chapelain et après son décès
le seigneur propréitaire et possesseur
du dit fief terre et seigneurie de Rouville et ses successeurs, lesquels seront
tenus de nommer un chapelain après le
décès de celui qui y aura été nommé
dans les six mois faute de quoi le dit
temps passé il y sera pourvu par mon
dit seigneur de Coutances.

Le dit seigneur de Rouville, en cas
de décès avant la construction de la dite
chapelle et remplacement de la dite
somme de dix-huit cents livres et sept

cents livres ; il a prié et requis François Danneville, écuyer et seigneur de Chiffrevast à tenir la main à l'exécution de la présente fondation et application des dits deniers à tout ce que dessus est dit, tenir entretenir faire et dûment accomplir les dites parties, chacune en son fait et promesse ont obligé tous leurs biens présents et a venir ; présents à ce pour témoins : MM. Jean Gallien et Jean Lebon, prêtres de la dite paroisse de Tamerville, lesquels ont signé avec le dit sieur de Rouville et notaire, ont signé après lecture à eux faite à la note du présent demeurée aux mains du dit Samuel pour faire registre ès témoins de ce à la relation de nous dit notaire, les dits sceaux royaux ont été mis et apposés aux présentes qui furent faites et passées au dit lieu de Tamerville ce vingt-septième jour d'avril après midi, l'an mil six cent soixante dix huit; le présent délivré au dit sieur de Rouville Boisgingant pour deux feuillets, le présent compris.

On voit donc par la composition de ce titre la différence énorme qui existe avec le premier, il est bon de dire en passant que l'auteur du présent, ayant été requis pour la reproduction de ce vieux titre à l'occasion du testament de Mme de Dunneville, en faveur de Mlle du Poërier-de-Portbail, de Valognes, ce vieux parchemin plein d'intérêt serait tombé à néant sans sa précaution d'en avoir conservé un exemplaire.

La copie de ces deux titres a eu les honneurs de la lecture à la Société académique de Cherbourg, elle y a reçu l'accueil qui lui était dû, à cause de l'ancienneté de ces titres et des dictons qui en sont le principal ornement.

En 1859, attaché en qualité d'employé secrétaire à l'entreprise des travaux du génie militaire (chefferie de la Hougue), je me suis versé tout spécialement à contempler les rives qui entourent ces fortifications et les côtes voisines qui présentent encore aujourd'hui dans leur ensemble un tableau tout vivant des temps les plus reculés de notre époque, toute cette contrée pré-

sente à l'œil du touriste quelque chose
d'étrange, quelque chose d'un coin très
ancien tout à fait oublié qui dispense
même de fouiller l'histoire qui y fait
défaut.

Dans l'ensemble de ce grand coup
d'œil, la mer a laissé par ci par là des
langues de terre qui attestent comme on
le verra plus loin, qu'elle en a pris
d'autres par endroits, et qu'il s'est opéré
de grands ravages dans ce coin acci-
denté, tous ces souvenirs nous reportent
au temps de la Neustrie, les titres his-
toriques et archéologiques faisant
défaut, je me suis borné tout simplement à reproduire mes impressions, en
passant aussi rapidement que possible
sur le traité de chaque objet, je me

suis proposé d'être laconique dans mes détails et aussi à cause de mon court séjour dans ces parages, je relate tout de mémoire, et, me trouvant à cent lieues de l'endroit, le lecteur voudra bien m'accorder son indulgence surtout à cause de cette biographie, qui exigerait pour le bien de la chose de longs détails pris sur les lieux mêmes.

Le hasard a voulu que j'en dise un mot, à cause du coup d'œil superficiel que présente toute cette contrée, et, surtout à cause des vieux titres qui précèdent, ayant entendu souvent parler les habitants de ce pays, de la légende attribuée au Moine de Saire, en vieux contes et superstitions dont toute cette contrée est encore imbue

aujourd'hui, le vieux titre où toute
cette vieille légende est détaillée dans
tout son ensemble datant de plus de
quatre siècles, voire même la prédiction
du Moine de Saire à Aurélie de Quétil,
dans un songe ; ce vieux titre haillon
me fut confié pendant une semaine par
une dame de Saint-Vaast-la-Hougue,
dans un bien triste état, il était tout
maculé, délabré, pourri par le temps
et l'humidité ; dominé du désir ardent
d'en avoir copie, et d'arracher du néant
ce haillon, avec une intention bien
arrêtée de le rendre à la postérité, avec
des précautions et des études spéciales
à ce difficile travail. J'ai réussi enfin à
en obtenir la copie qui précède et qui
fut l'objet de bien grandes recherches

pour arriver au textuel exact, le tout
selon ses vieux dictons et proverbes,
et, comme on le voit, par la reproduction dans son style ancien, et selon
l'orthographe du temps.

Pour commenter tous les articles
relatés sur ce vieux titre datant de plus
de quatre siècles, articles qui ont donné
lieu aux superstitions les plus diverses
et les moins vraisemblables, mais qui
subsistent encore aujourd'hui, malgré
tout et avec une certaine créance, qui
est devenue traditionnelle, surtout
parmi les plus anciens qui ont, de père
en fils, hérité de ces on-dit; je me dispense de les discuter et même de les
combattre, laissant tout simplement
le soin de cette appréciation à mes lec-

teurs ; mais en présence de la fameuse prédiction du Moine de Saire, faite à Aurélie de Quétil, pendant la nuit, dans un songe, et qui fut pour elle un moment d'effroi indescriptible, je me récuse.

A cette prédiction bien dictée et bien comprise, d'une manière si nette et très approfondie, on doit s'arrêter pour contempler sur les lieux, que tout ce qui fut prédit est bien et dûment un fait accompli aujourd'hui, et tout à fait en dehors de tout conteste ; le tout est historique et palpable, sous les yeux des habitants toujours imbus du songe et des résultats surprenants.

Les closets de Tatihou ont en effet été mangés par la mer, qui s'est, ainsi qu'il est dit, arrêtée, dré, devant Cabourg, la construction d'un pont sur la rivière la Saire, la fermeture des grèves, où, selon l'expression d'Aurélie, paissent aujourd'hui des vacques laiteuses.

Or, tout est donc complètement réalisé, le pont sur la Saire, que l'on passait à gué, fut construit en 1730, deux cent cinquante-neuf ans après la prédiction du moine, ce pont a des portes de flot, dont la mer, avec le flot de la rivière, font les soins de l'ouverture et de la fermeture.

Les grèves déposées par la mer furent fermées en 1854 et rendues à l'état d'herbages trois cent quatre-vingt-trois ans après la prédiction.

Il serait donc tout à fait puéril de rechercher des contradictions à ce passé dont des siècles nous séparent, le tout ayant complètement échappé aux plus savants historiens. Je ne me bornerai qu'à vous relater l'ensemble de ce titre haillon, échappé miraculeusement aux incendies du château de Réville, et sans le contester, ni imprimer ma pensée, me disant tout heureux d'avoir pu l'arracher du néant et aussi de le livrer à la postérité et à l'appréciation de mes lecteurs.

Résumé succinct de la Prédiction du Moine de Saire à Aurélie de Quétil, le tout réalisé, et selon l'expression de ce temps.

————

1° Syre Jéhan de Giron et son fils Louisot, créveront.

(Le père est mort en 1473 et le fils en 1474.)

2° La cloche de Saint-Eloi tombera ;

3° La tourelle du manoir tombera ;

4° Saint-Martin de Réville tombera ;

(Tombés en 1475.)

5° Les closets de Tatihou seront mangés par la mer qui viendra jusque devant Cabourg ;

6° La tourelle du chastet sera brûlée et
   il ne restera que corps du manoir;

7° Religion qui divisera le monde;

8° Batailles et sang versé, Réville assiégé, etc.;

9° La propriété quittera famille de té
   et passera en mains étrangères;

(Ce qui s'est parfaitement accompli
en passant aux mains de M. le comte
Duparc).

10° Le seigneur nouveau est chassé et
   tous les seigneurs d'autour la
   France;

11° Le chastet est habité militairement;

12° Saint Martin de Révil est fermé,
   croix coupées et volées;

13° Nouvelle famille vient au manoir, le chastet est rebasti;

14° Saint-Martin et Saint-Éloy sont relevés et les croix rétablies;

15° Le pont de Saire a des portes, construit 259 ans après la prédiction;

16° Les grèves déposées par la mer seront fermées et à l'état d'herbages où paîtront quantité de vacques laiteuses, fermées en 1854 (383 ans après la prédiction).

Or, quelle que soit l'idée mésaventureuse du moine, qui a édicté toutes ces prédictions si savamment combinées, et résumées, pour arriver au résultat final de tant d'événements si surprenants, surtout ceux concernant le château, les églises, le pont de Saire et les grèves, il a fallu bien méditer l'avenir; le château, ce domaine des anciens temps, a donc été réellement incendié plusieurs fois, il a été rebâti et agrandi, il a servi en un temps de poste militaire, il a été assiégé, etc., les églises de cette commune furent réellement fermées, les croix furent coupées, les prêtres, les familles de nobles furent obligés de fuir et de prendre le chemin de l'exil, tout ça est donc à la lettre parfaitement vrai et parfaitement exact, les souvenirs de tous ces tracas, de tous ces malheurs sont encore très vivants parmi les anciens du pays, c'est à un tel point qu'il serait tout à fait inutile d'en rechercher des dates plus précises, les faits seuls peuvent témoigner.

On se trouve moins étonné en présence de la prédiction concernant le pont de Saire, et la fermeture des grèves, ces deux cas appartiennent au domaine d'un administrateur éclairé, qui pense, qui prévoit dans l'avenir, des besoins indispensables, ces besoins sont arrivés tardivement, mais tout à fait à point et entièrement conformes.

Il peut en être ainsi pour celle concernant les ravages de la mer autour de Tatihou, touchant Cabourg, la mer a entamé certains endroits et avait inévitablement commencé sa destruction autour de Tatihou qui devait être fortement entamé et devenu presqu'île, selon

toutes ces versions et toutes les appa-
rences qui frappent l'œil, ce grand lambeau de terre qui reste de Tatihou faisait
inévitablement partie du continent, et
tout porte à croire que ce qui en reste
aujourd'hui ne doit son existence qu'à
son élévation et son assise sur un socle
en granit qui le préservait des grands
coups de mer auxquels il est exposé.

La partie de cette presqu'île située
entre Saint-Vaast et Réville, où ont
été établis les parcs aux huîtres de la
Coulège, s'est trouvée mangée par la
mer en bien peu de temps, la mer déferlant avec force par la pointe de Réville, faisant sa jonction avec le plein
entre l'île Tatihou et le continent, si
bien que la violence avec laquelle elle

est souvent poussée, cette trouée a
donc dû se faire en bien peu d'années,
cette partie étant basse et sans socle
était facile à réduire.

Le lieu de jonction qui se nomme le
Rhin est aujourd'hui la route servant
d'accession à l'île de Tatihou, mais à
mer basse seulement; à mer mon-
tante ce passage est très dangereux à
cause de la rencontre des deux cou-
rants qui y sont très rapides et qui,
dans les grandes marées, permettent
difficilement au voyageur attardé de
franchir ce point sans encourir les plus
grands dangers; des riverains ou pê-
cheurs de varechs, souvent, ont été victimes de leur témérité; on les a vus
bien des fois se trouver obligés de dé-

teler les chevaux et laisser la voiture
sur la route et que l'on retrouvait le
lendemain sur les rochers derrière Tatihou, brisée et saccagée, et tout à
peine si le conducteur de la voiture y
échappait, il fallait fouetter.

Cette jonction est donc très dangereuse à cause de cette vitesse si rapide
dans les hautes marées d'équinoxe,
c'est au point que celui qui se trouve à
l'une des extrémités et commençant à
mouiller sa chaussure encoure le plus
grand danger, la mer ne lui permet-
tant pas d'arriver à sa destination extrême du Rhin sans l'engloutir.

La partie nord-est de Tatihou allait
donc rejoindre Cabourg en longeant
les parcs de la Coulège et ensuite tou-

chant la terre; pour arrêter les ravages
que la mer allait faire dans tout ce bas
pays du Val-de-Saire, entre Saint-
Vaast et Réville, l'Etat fit construire la
jetée longeant le bord de la mer, afin
d'enrayer la destruction inévitable de ce
coin, qui n'offrait aucune résistance
à la vague, et qui aurait pu continuer
son chemin jusqu'au pied de la Pernelle.

En passant, qu'il soit permis à l'auteur de citer un effet de la mer en furie,
très curieux et qui mérite d'être signalé,
le voici : Vers 1852 ou 1853, la mer en
courroux, détruisant et dévorant les
parcs aux huîtres, déferlant avec rage
dans ce coin, principalement où elle
trouvait la résistance de la digue, a

arraché de son encastrement une pierre
du parement en granit, scellée au
ciment, non seulement elle l'a arrachée
de son trou, mais par un de ces rares
prodiges, sans lui permettre de tomber
au fond de l'eau, elle l'a replacée dans
son encastrement la *face au fond du
trou;* tout le monde sait que, bien que
le scellement au ciment n'ait pas plus
d'un centimètre d'épaisseur, ce cas
présente des difficultés presque mysté-
rieuses. Ce fait, tout récent, est très
connu dans le pays, et les habitants,
qui en eurent connaissance, vinrent en
grand nombre sur les lieux, pour satis-
faire leur curiosité.

Ce coup de mer fut presque la ruine
des habitants de Saint-Vaast, les parcs

aux huîtres qui sont en partie la richesse
de cette ville, furent presque détruits,
les huîtres enlevées ou jetées çà et là
par bancs épars, furent en partie per-
dues, on ne put en sauver qu'une
très petite quantité. Les chantiers de
constructions maritimes eurent également beaucoup à souffrir, et le tout
ensemble faisait un très triste tableau :
rarement on a vu une plus grande dévastation.

Il est donc incontestable qu'en un
temps Tatihou touchait au continent ;
que sur ce plateau et aux alentours à
une grande distance, il y avait des terrains en culture, aujourd'hui dans l'herbage qui sépare le parc du génie et le
lazaret, on peut encore remarquer, bien

formés et bien distincts, les sillons de
la charrue ; le vieux titre désignant les
closets jouxte Tatihou, porte à la
preuve la plus évidente, surtout par
des propriétés particulières qui existent
encore aujourd'hui incontestablement
au milieu des biens domaniaux, touchant cette presqu'île. On peut citer
celle de M. Gabriel Lamarche, ancien
maire de Saint-Vaast, en 1860 ; il présenta ses titres à l'administration des
domaines, pour établir ses droits de
propriété de biens ayant appartenu à
ses ancêtres, d'un parc nommé la Toc-
quaize ; il fut fait droit à sa réclama-
otin, comme témoin irréfragable, ce
parc est resté propriété particulière au
centre du domaine de l'Etat.

Cette presqu'île de Tatihou est fortifiée, du côté de la mer, par des batteries de remparts ; elle possède une très
belle tour casematée du temps de Vauban, une poudrière de construction
récente (1860), abritée du feu de l'ennemi par des redoutes qui l'entourent ;
elle possède encore un très beau lazaret bien situé, bien abrité, et pouvant
recevoir les équipages de plusieurs
navires en quarantaine, avec leurs car-
gaisons, à l'abri sous de beaux han-
gars qui sont disposés à cet effet ; ce
lazaret a des jardins, un chemin de
ronde pour le service militaire pendant
la quarantaine ; ses murs extérieurs
sont crénelés, et, en cas de besoin,
peuvent rendre de grands services pour

la défense de l'île ; sa position a été bien choisie, isolée de tout accès de population.

La presqu'île de Tatihou, en outre de sa belle tour casematée, de son parc d'artillerie, de sa poudrière et de toute sa défense, possède un fort avancé en mer, nommé l'Islet, construit avec casemates, machicoulis, d'une disposition à toute épreuve, d'une telle résistance par sa position, que la famine seule pourrait le réduire à la reddition, ce qui ne pourrait se produire sans celle de la presqu'île, qui se trouve à quelques centaines de mètres ; c'est sous ses murs que furent brûlés les vaisseaux de l'amiral Tourville.

Baronnie de la Hougue

Louis XI, en mariant Jeanne, sa fille légitime, au bâtard de Bourbon, lui donna entr'autres terres la seigneurie de Valognes et la baronnie de Saint-Vaast-la-Hougue ; l'amiral de Bourbon devenu, de cette manière, propriétaire de la Hougue, s'en occupa spécialement ; il en reconnut la position avantageuse pour y établir un des meilleurs ports de mer de l'Europe, et présenta au roi un plan très détaillé, dont on trouve un aperçu dans l'histoire de France de Villaret ; l'original de son mémoire existe encore aux archives de France, déposées à l'hôtel de Soubise, à Paris.

Parmi les débarquements opérés à Saint-Vaast-la-Hougue, on peut citer celui d'Étienne de Blois, en 1137, et celui d'Édouard III, roi d'Angleterre, en 1346, avec toute l'armée qui traversa la Normandie et la Picardie, et défit celle du roi de France à la fatale journée de Crécy ; les Anglais y descendirent encore en 1441, 1492, 1560 et 1574.

Ce fut dans la baie de La Hougue qu'eut lieu, en 1692, comme on le verra plus loin, la bataille désastreuse qui ruina la marine française ; plusieurs des plus forts vaisseaux s'échouèrent à Saint-Vaast-la-Hougue ; ils auraient pu être sauvés si la côte eût été protégée comme elle l'est aujourd'hui; ce fut après le désastre, malheureusement, qu'on pensa seulement à y élever des retranchements.

Saint-Vaast est la patrie de trois générations de peintres distingués, Hubert, Henri et Jean Drouais; ce dernier mourut à Rome en 1788; on lui a élevé un monument dans l'église Sainte-Marie *(in viâ latât)*; il n'avait que vingt-quatre ans, et donnait les plus grandes espérances.

Saint-Vaast-la-Hougue

Petite ville, port de mer au levant du département de la Manche (3,000 habitants), elle fut fortifiée en 1700, sous le règne de Louis XIV, selon les plans du maréchal de Vauban.

En 1829, M. le comte d'Estourmel, préfet de la Manche, posa la première pierre de la jetée, partant de la vieille église, et allant dans la direction de l'île de Tatihou; cette digue sert d'abri aux navires du port et à ceux qui viennent s'y amarrer; à côté, il a été construit un gril pour le radoub des navires.

De l'antique église bâtie là sur un rocher, entre deux eaux, ayant défié les temps et les coups de mer, il ne reste plus aujourd'hui qu'une petite chapelle que les habitants ont tenu à conserver par tradition, et aussi pour attester aux âges futurs que c'est bien sur ce lieu, entre la mer et la ville, qu'à existé la vieille basilique; elle est remplacée aujourd'hui par une autre plus belle bâtie à neuf en pierre de Caen, située au centre de la ville au milieu d'une petite place qu'on lui a trop ménagée.

Ce petit port de mer par sa situation est un abri de grand secours pour les navires en détresse, que le mauvais temps empêche de doubler ces parages dangereux, dont il est environné, ne pouvant sans escale, gagner Cherbourg ou autre port du littoral.

Saint-Vaast possède de très beaux parcs à huîtres qui font la principale branche de son commerce, ces parcs sont au nombre de cinquante et occupent une superficie d'environ quarante-six hectares et demi. Sur la plage de la Coulège, ces parcs sont réservés aux jeunes huîtres, qui y sont déposées avant de devenir marchandes ; d'autres parcs, dans la Tocquaise, au nombre de 137, d'une très grande surface, 39 hectares 1/2, sont affectés à la conservation des huîtres comestibles, tous ces parcs se trouvent pour la plupart garantis des grands coups de mer, ils sont abrités par l'île de Tatihou, le brise-lames de construction récente, et la jetée qui abrite l'entrée du port.

Les huîtres de Saint-Vaast ont une grande renommée acquise, à juste titre, dans toute la France et à l'étranger ; aux halles de Paris, elles sont primées de vieille date. Cette branche de commerce est la principale de ce pays, elle donne un travail constant assez rémunérateur à un nombreux personnel, ce qui maintient un peu la population travailleuse dans une aisance soutenue.

Les procédés d'élevage à Saint-Vaast sont un travail très fréquent dans les parcs, ce travail consiste à nettoyer et déplacer constamment les huîtres pour les empêcher de s'ensabler, d'être enveloppées de goëmons parasites qui, s'attachant aux valves, les feraient périr infailliblement; une centaine de personnes des deux sexes sont occupées chaque jour à cette partie de travail, et souvent deux corvées par jour.

Toute cette baie est hérissée d'énormes rochers qui, jusqu'à deux lieues de la côte, permettent difficilement aux navigateurs de passer là sans mouiller, à moins d'encourir les plus grands dangers; tout en passant au large, à une très grande distance, avec beaucoup de prudence et grande précaution, des malheurs ont eu lieu en bien des circonstances. Nos voisins, les Anglais, doivent s'en souvenir, surtout quand ils voulurent tenter une surprise à Barfleur, sur le rocher de Quilbeuf où toute la noblesse périt sur le navire de Thomas Airard, nommé la *Blanche-Nef*, ainsi qu'on le verra plus loin.

Le port de Saint-Vaast-la-Hougue offre de précieuses ressources pour la pêche et le cabotage ; aujourd'hui il vient de s'ouvrir une ère nouvelle dans l'expédition de ses produits pour la capitale et toute la France, une ligne de chemin de fer, s'embranchant avec la ligne de Paris à Cherbourg aux gares de Montebourg et de Valognes, va desservir toute la contrée du Val-de-Saire et, par conséquent, doubler l'importance de ce riche pays qui en sera redevable aux instantes et infatigables sollicitations de M. le comte de Pontgibaud, propriétaire à Fontenay, et membre du conseil général de la Manche, pour le canton de Montebourg; il n'a cessé d'appuyer ce projet, de le réclamer au Département et au Gouvernement, aux fins d'en doter le Val-de-Saire, pour l'écoulement de ses produits de toute espèce, tels que : poisson, coquillages, etc. Cette obtention lui est réellement due, et c'est au prix de ses sacrifices, tant pour l'étude de la ligne, plans fournis avec rapports étudiés et très étendus, qu'elle a été acceptée.

La Hougue est citée dans l'histoire ancienne pour les choses les plus mémorables à différentes époques; cette presqu'île, nommée par les latins Ogigies, était déserte et infertile, et ne servait qu'à y déposer des marchandises de toutes espèces, sur cet emplacement situé à l'opposé du port de Saint-Vaast a été bâtie une superbe tour du temps de Vauban, cette tour peut contenir plusieurs batteries d'artillerie, elle croise ses feux avec ceux de Tatihou et de l'Ilet, de manière à rendre la rade impossible à pénétrer par une flotte ennemie; au bout sont établies des batteries pour des pièces à longue portée dans la direction des îles Saint-Marcouf, et de la plage, un parc d'artillerie, et à côté, une redoute de construction récente, en face la pleine mer.

La Hougue est, comme Tatihou, un témoin resté là, attestant dans le passé des temps les plus reculés, les ravages de la mer, surtout dans la baie du Cul-de-Loup, dans la direction du rivage de Morsalines, selon le plan ci-joint et selon des versions très accréditées, c'est entre ces deux points, le Rivage et la Hougue, que fut submergée une partie de la commune d'Isamberville ; la ville de Saint-Vaast possède encore une rue de ce nom, dans la direction de la Hougue, cette rue était vraisemblablement une des artères d'accession de cette commune à un point principal resté inconnu de nos jours, mais qui mérite l'attention. Il ne semble pas douteux que la Hougue ait jadis fait partie de la commune d'Isamberville comme point extrême touchant la baie, et c'est grâce à sa situation sur le rocher qu'elle a été préservée; elle est restée intacte et témoin de ces ravages.

A ce qui précède, et comme preuve certaine, il faut ajouter des détails qui ne laisseront planer aucun doute sur ce point : en 1860, époque toute récente, en creusant les fossés de contrescarpe du fort de la Hougue, il fut mis à découvert des vieux pans de mur, des fonds de cheminée où marquait encore le feu du foyer, de vieux fondements qui indiquaient clairement de vieilles demeures; tout ça se répétait dans les fondations de la digue du Sillon, au nord-est de celle d'Oppeinhem, et à chaque instant.

Quand on creusa les fondations de la digue longeant la route qui conduit au fort de la Hougue, il fut mis à découvert des racines d'arbres deux fois séculaires, d'une grosseur énorme, dans un état de conservation parfaite, malgré un séjour de plusieurs siècles au fond de la mer, dans des glaisières; ces racines furent déposées dans le fort de la Hougue, par les soins du génie militaire; en 1860, elles y étaient encore, soit dit en passant, elles figureraient avec avantage dans un des musées de l'Etat.

Le bois de ces racines est d'une couleur noirâtre et n'attestant plus l'essence à laquelle elles appartiennent; ce bois est très facile à travailler; ne présentant aucun fil, mais, après le travail, il devient d'un noir d'ébène et d'une beauté remarquable; cette trouvaille a rendu l'auteur tout à fait rêveur, sur un sujet qui mérite l'attention de ses lecteurs.

Les arbres qui ont poussé sur ces racines devaient être des géants énormes, on doit en conclure que la pousse ne leur est point venue des terres glaises dans lesquelles on les a trouvés, cette espèce de terre molle, mais très compacte, ne nourrit que la christemarine et le tamarin; or, il s'est donc produit un effondrement du sol dans ces parages, la cause peut sembler mystérieuse à mes lecteurs, mais on la touche du doigt si on veut bien comprendre que tout ça n'a pu se produire que par l'envahissement de ces terrains par la mer, qui s'y est infiltrée

par quelque partie qui se trouvait en
contre-bas sous la colline de Grenneville. Il est impossible de s'arrêter sur
ce point sans entrer dans la préexis-
tence de la commune d'Isamberville
dont une partie est disparue par immersion; il en existe encore une par-
celle qui atteste, et qu'on peut remarquer sur le petit plan qui suit; la
petite chapelle de ce nom, près du pont
Rasoir, près de là, existait également
une grange très grande, de cette
époque qui vient d'être démolie cette
année même (1886).

Dans la baie de la Hougue, entre la
digue du Sillon et Morsalines, existe un
grand coin de mer innavigable, nommé
Cul-de-Loup, qui a dû en partie ap-

partenir au continent et sur lequel re-
posait inévitablement une partie de la
commune d'Isamberville; en face la
porte d'entrée du fort de la Hougue,
existe un tertre ou montissel désigné
qui domine cette baie à une hauteur
telle que, dans les hautes marées d'équinoxe, il ne couvre jamais; il est resté
là comme point culminant servant de
refuge aux chasseurs qui vont y attendre le gibier de passage pendant
l'hiver.

Il est impossible à l'auteur de ne pas
manifester et consigner ici l'effet que
lui produit ce montissel; cette soufflure
énorme, au milieu des glaises, a quelque chose d'étrange, elle ressemble à
un tombeau, qui renferme peut-être le

château seigneurial d'Isamberville, et, si ce n'est une témérité, par sa dimension, on doit juger de son importance, et quelles surprises nous seraient ménagées pour l'avenir si on venait à fouiller cette tombe, que de secrets, et peut-être que de richesses inconnues?

Les fouilles seraient plus possibles à l'État qu'à une société de savants, ses débours seraient couverts par une grande amélioration dont il profiterait le premier ; voici la pensée de l'auteur : l'État ferait construire une digue semblable à celle qui abrite la route qui conduit au fort de la Hougue, cette digue prendrait son point de départ à l'angle du bastion n° 19 du fort de la Hougue, pour aller presque directement rejoindre les chantiers et parallèlement à celle déjà citée, et indiquée au plan ci-joint.

Cette digue contournerait la soufflure en question, elle arrêterait facilement la mer sur ce point, ne venant dans ce coin que dans les hautes marées d'équinoxe.

Après la construction de cette digue, il serait fait un nivellement du sol qui serait peu coûteux, et l'on aurait, devant la porte du fort de la Hougue, un beau champ de manœuvre de 40 à 50 hectares que l'on pourrait utiliser selon les besoins de l'Etat, qui se trouverait largement dédommagé par son produit comme herbage, etc., et la ville de Saint-Vaast serait à l'abri des miasmes pestilentiels qui planent pendant l'hiver et

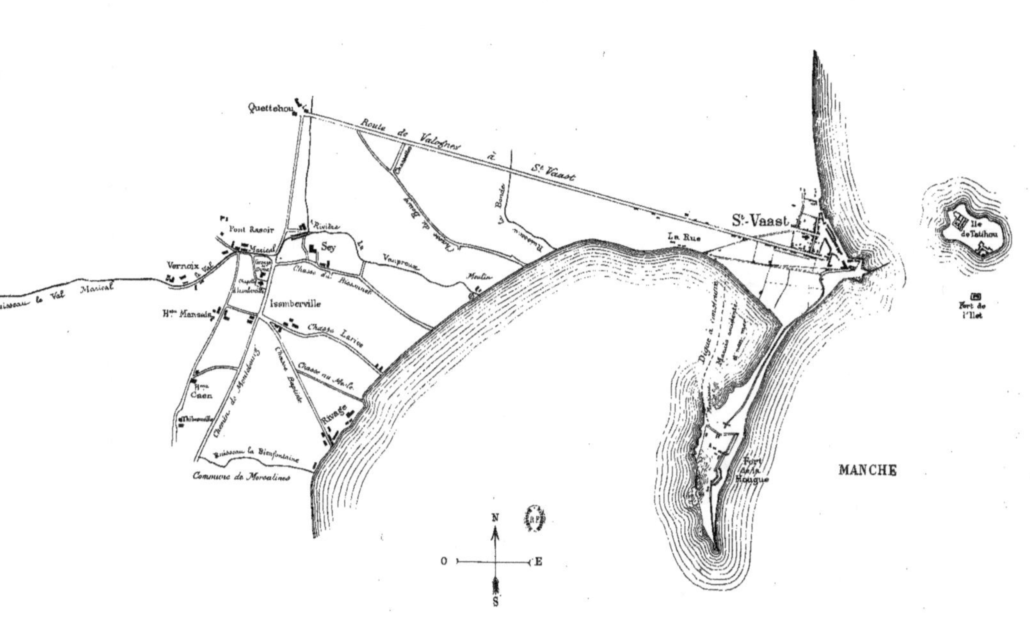

Quettehou
Route de Valognes à St-Vaast
St-Vaast
La Rue
Pont Rasoir
Rivière
Sey
Marical
Vauprun
Vernoix Val
Moulin
Ruisseau le Val Marical
Isemberville
Chasse du Rosunnet
Hteau Manaie
Chasse Larieu
Hteau Caen
Chasse au Molé
Chemin de Montebourg
Rivage
Ruisseau la Bienfontaine
Commune de Morsalines
Ile de Tatihou
Fort de l'Ilet
Fort de la Hougue
MANCHE
N
O E
S

surtout l'été dans ce coin sale et infect
et qui sont toujours un danger pour les
habitants de la ville.

La mer se trouvant limitée par cette
digue deviendrait un peu navigable
dans la baie de Morsalines, pour des
navires d'un faible tonnage seulement,
ce qui aurait une utilité incontestable.

La soufflure, dont il a déjà été question, se trouverait donc à sec et il serait
facile de la fouiller, sans quoi elle restera sans doute encore longtemps à
l'état de mystère, malgré que toutes
les découvertes des racines, des feux de
foyer de cheminée et le nom de cette
rue d'Isamberville, attestent surabon-
damment qu'il y a peut-être là un point

capital qui a eu son temps d'existence et qu'il serait bon de ne pas perdre de vue, on se trouve étonné que cela n'ait point été mis en lumière il y a des siècles.

Le montissel en question est donc resté là comme témoin de toutes ces transformations entre la Hougue et la terre ; cette baie s'agrandit encore aujourd'hui par sa destruction, dans la direction de Quettehou, tout près du rivage de Morsalines ; là est entamée une série de petits enclos, auxquels chaque année on voit disparaître la largeur d'un sillon, ces terrains ne reposant pas sur un socle de résistance ; la mer toujours brutale, poussée dans ce coin par les vents longeant les côtes de Grenneville et de Morsalines, la vague détruit facilement ces terres franches de première qualité; c'est une perte considérable pour les propriétaires; il serait bon que l'Etat leur vienne en aide en faisant un endiguement en maçonnerie, qui préserverait et arrêterait cette destruction si onéreuse; ces propriétaires seraient les premiers à s'inscrire et à y contribuer par une souscription entre eux, jointe à celle de l'Etat, afin de mettre un terme à ce fléau; sans cette précaution, la mer finira par pénétrer très loin entre Quettehou et Saint-Vaast, et les prairies basses de Carvallon, une fois qu'elles seraient entamées, on ne sait où cela s'arrêterait, mais on le devine, à Réville.

Le Cul-de-Loup, ainsi nommé, sur

lequel on ne peut naviguer, est un point très dangereux ; il présente à plusieurs endroits des précipices effrayants pour ceux qui les connaissent ; mais à part ceux-là, que de téméraires en ont été victimes.

Sur la plage touchant Saint-Vaast on a établi des chantiers de construction d'époque récente, d'où l'on peut lancer des navires de 200 tonnes ; mais il faut opérer avant le lancement, l'ouverture d'une grande tranchée dans les glaises et les boues qui s'amassent toujours en cet endroit, afin d'éviter de voir échouer le navire en sortant des chantiers ; cette industrie de construction profiterait beaucoup à l'établissement de la digue précitée, qui partant de l'angle nord du fort de la Hougue, viendrait rejoindre ces chantiers, et permettrait à cette importante industrie de se développer plus à son aise dans ce coin qui deviendrait presque navigable.

Cette branche de commerce est indispensable à un port de mer comme celui de Saint-Vaast, entouré de forts très importants ; ce petit port de mer a toujours été réputé pour sa belle et solide construction de navires pour le long-cours, pour la pêche, le cabotage, etc. ; et ce serait un grand bien de favoriser ainsi cette industrie, qui a été très éprouvée par la presque complète destruction de ses chantiers, il y a trente ans, lors de ce grand coup de mer, qui ravagea les parcs aux huîtres, et qui fut, pour ainsi dire, la ruine des deux commerces.

Plus que partout les invasions de la mer ont changé complètement l'aspect du littoral ; ses ravages dans la baie de la Hougue se perpétuent ; la route de Saint-Vaast à Barfleur a été souvent sous les flots, avant la construction de la digue de Réville ; le Val-de-Saire s'est donc trouvé très entamé, et aujourd'hui, sans cette digue, la mer serait au pied de la butte de la Pernelle.

Après César, jusqu'à la décadence de l'empire romain, les historiens ne parlent plus des *Unelles,* comme ayant eu la guerre dans leur pays ; il est probable qu'ils ont eu souvent à repousser les invasions des pirates saxons.

Un grand nombre de camps, dont on retrouve les traces, se voient encore sur les hauteurs voisines de la mer ; de là ils surveillaient les descentes de ces pirates. J'en ai reconnu à Grenneville, en face la baie de la Hougue, la plus spacieuse et la plus accessible ; au Vicel, près du port de Barfleur ; à Maupertuis, vers le petit port de Fermanville ; à la Glacerie, à Tourlaville, à Montebourg, à Octeville-la-Venelle, etc., etc. ; le tout, comme on le voit, tout près des rives sur des hauteurs.

Depuis des siècles on a découvert plus de dix mille médailles romaines dans le nord du département, presque toutes dans cette contrée.

Le montissel déjà cité, résultant d'un

effondrement certain, se trouve un peu recouvert de gallet et de sable, ce qui porterait à croire que le fond est le même; il n'en est rien; abrité par le fort de la Hougue, servant de barrage à la mer, qui ne vient dans ce coin que dans les hautes marées d'équinoxe, son sommet ne couvre jamais, et il se trouve le niveau de la roche la Becquvié, qui est de l'autre côté de la digue du Sillon.

Ce montissel, en hiver, sert de refuge aux chasseurs qui s'y embusquent pour attendre le gibier de passage; il a une longueur de quelques centaines de mètres et une largeur de cinquante environ à sa ceinture.

Tout le fond de ce coin, que l'on nomme Cul-de-loup, présente dans tout son ensemble un fond de terre glaise tout à fait détrempée, de fondrières et de précipices sur toute sa surface, jusqu'au rivage de Morsalines, sur une étendue de deux kilomètres carrés ; certains endroits sur lesquels se trouvaient des constructions faisaient partie du domaine d'Isamberville. Le tout a subi l'effondrement le plus complet.

Le fort de la Hougue, un peu plus élevé et assis sur le roc, est resté l'unique témoin de toutes ces destructions et transformations, ce fort se trouve fortifié par des remparts crénelés, des bastions avec batteries d'artillerie, une tour avec casemates du temps de Vauban, avec batteries, une redoute de construction récente qui abrite le parc d'artillerie, une grande et belle caserne, une manutention et un poste télégraphique correspondant avec Paris et tous les forts de la côte.

Ce fort du côté de la pleine mer est entouré de fossés très profonds qui se trouvent remplis d'eau selon les besoins de la défense du fort ; à la pointe avancée un large bassin pour empêcher l'abord, tous ces remparts sont de bonne maçonnerie appliquée solidement contre le roc qui supporte toute cette fortification ce qui peut empêcher de battre en brèche et qui rend cette place très forte par sa position respective et inattaquable.

En passant, je cite un fait assez curieux et qui mérite d'être porté à la

connaissance des habitants de ce pays.
Le 27 mars 1838, par un temps très
calme, la mer s'est retirée à une si
grande distance, que sous la Hougue,
elle a laissé à découvert les vaisseaux
coulés du célèbre Tourville ; dans l'in-
tervalle de deux marées, on put retirer
six pièces de canon et plusieurs charre-
tées de boulets, le tout était dans un
parfait état de conservation malgré un
séjour de 141 ans au fond de la mer, tous
ces objets figurent aujourd'hui au musée
de la ville de Cherbourg.

Toutes ces découvertes attestent
hautement que tous ces parages faisaient partie de la commune submergée comme il est incontestable qu'elle
a existé, dans l'état actuel des choses,

la vitalité subsiste par un lambeau
existant ayant une certaine extension,
sur lequel est encore une chapelle de
ce nom, et de plusieurs villages qui en
sont dépendants par le fait de l'existence de cette paroisse, qui prend naissance au pont Rasoir ; le Département
devrait, pour le bien de la chose, rétablir cette commune, ce serait une
résurrection bien méritée et qui serait
bien accueillie dans le canton.

La disparition par immersion de la
plus grande partie de cette paroisse, et
surtout du domaine seigneurial, qui
était d'une grande importance, la soufflure a une telle dimension qu'il est impossible d'en douter, cet effondrement
fait supposer que le fond sur lequel re-

posait l'édifice est de glaise molle, à une très grande profondeur, c'est ainsi qu'on doit l'envisager surtout en présence des résultats de sondage dont ces terrains furent l'objet par les soins du génie militaire, relativement au choix recherché en un temps, pour l'emplacement du port militaire, aujourd'hui à Cherbourg, et qui fut abandonné pour cette cause ; sans cette difficulté la Hougue avait la préférence. Il serait donc tout à fait puéril d'insister plus longtemps à démontrer une évidence que ce qui précède rend claire et irréfutable.

La cause présumable qui a dû déterminer ces ravages doit être attribuée d'abord à la position un peu basse de

ces terrains et ensuite à ce corps de
terre glaise, que la mer brutale a
envahi dans un moment de furie, et
qui est devenu par là une vraie fon-
drière, si bien que ces parages sont
très dangereux à traverser à mer
basse, plusieurs personnes y ont été
victimes de leur témérité, en voiture
comme à pied, en voulant prendre ce
chemin pour abréger leur route et gagner le rivage longeant Morsalines et
Grenneville.

Toute cette baie a donc sans contredit subi de grands ravages et bien des
transformations, le tout s'est opéré par
les effets de la mer, toujours brutale
quand elle rencontre de la résistance ;
poussée dans ce coin par les vents lon-

geant la côte ; le hameau le Rivage de Morsalines devait en un temps posséder un terrain avancé qui l'avait préservé des coups de mer, tandis qu'aujourd'hui, il s'en trouve complètement dépouillé, lavé et ravagé par la vague, si bien que pour y résister, chaque propriétaire a dû souvent s'endiguer tant bien que mal par des maçonneries en sous-œuvre, afin d'éviter un envahissement désastreux et qui n'est malheureusement qu'ajourné.

La commune d'Isamberville avait sa partie avancée entre le rivage de Morsalines et la Hougue, cette portion est, comme on le sait, entièrement disparue sans qu'on puisse bien préciser sa limite riveraine, ni l'époque de sa disparition,

mais qui pourrait bien remonter à l'année 709, qui fit de grands ravages dans
le département de la Manche et parties
limitrophes. De ces révolutions, on peut
citer la disparition des forêts qui envi-
ronnaient le mont Saint-Michel, la
rupture des communications des îles
Jersey et Guernesey avec le Cotentin,
le passage de la Déroute entre les
Ecréhous et Jobourg, et, de date plus
récente, la rupture entre l'île de Tatihou
et la terre ; comme on le voit tous ces
ravages sont bien aujourd'hui un fait
accompli, et incontestablement par un
mouvement de mer, ce qui nous rend
un peu rêveur en pensant à celui qui
s'est opéré pour les lieux sus cités et
selon toute apparence à ce qui peut

nous arriver une deuxième fois. Si l'on se demande quels en seraient les effets, on peut craindre que le département de la Manche, par sa position un peu basse, se trouve sur plusieurs points entamé par la mer qui l'entoure de deux côtés, et qu'à son tour, il ne devienne une presqu'île, le plus petit affaissement du sol nous amènerait à nouveau des transformations qui produiraient inévitablement ces effets désastreux dont on ne pourrait prévenir ni prévoir les dangers ne pouvant désigner d'avance les points qui seraient menacés.

Touchant ce coin de mer, dans ce cul-de-loup qui se trouve, faute d'une hauteur d'eau suffisante, exempt de toute grande navigation, souvent des poissons égarés, tels que baleines, souffleurs et autres, ayant perdu la haute mer et contourné la Hougue, se trouvent surpris dans ce coin et, faute d'eau suffisante, capturés et échoués sur un fond qui se trouve à sec. Pour mémoire, nous citerons : en 1860, MM. Lévêque (Louis et Désiré), constructeurs, ayant aperçu au loin deux énormes souffleurs se dirigeant de leur côté, montèrent dans une chaloupe, et coupant leur retraite de la pleine mer, les poursuivirent avec leurs avirons en les dirigeant du côté du poste de douane de la Gallouette ; là, ils s'échouèrent sur le gravier ; ils furent aussitôt amarrés à quai avec un grelin, et saignés instantanément. Leurs dimensions étaient : le premier 7 mètres 50 de longueur, et la nageoire de la queue 2 mètres 50 de largeur ; le deuxième avait des proportions un peu moindres, mais elles différaient cependant de bien peu de chose ; ces poissons furent mesurés par l'auteur du présent, après avoir aidé à les saigner et les amarrer à quai.

Ce travail se faisait dans quelques pieds d'eau, et aussitôt qu'ils furent tout à fait échoués, on vit jaillir un jet d'eau par l'orifice que ces poissons ont entre la tête et les reins, à une hauteur de trente à quarante pieds de hauteur ; le jet était assez nourri.

Aussitôt saignés, on entendit, pendant quelques minutes, un mugissement sourd, mais très fort, qui semblait venir de sous terre et qui était effrayant, ce qui prouve que la mort produit chez ces poissons le même effet que chez les autres animaux terriens.

Pendant la poursuite que leur faisaient MM. Lévêque, constructeurs, l'un de ces poissons brisa un des bancs de l'embarcation d'un coup de sa nageoire de la queue ; fort heureusement que la mer avait baissé et que le danger de naufrage avait disparu, car l'embarcation aurait pu couler à fond.

Le lendemain, on fit les préparatifs pour le dépeçage et ensuite pour la fonte, qui produisit onze ou douze barriques d'huile de première qualité ; elles furent vendues à M. Fonteuillat, alors

manufacturier au Vast, et les ossements à MM. Salles frères, de Montaigu-
la-Brisette, pour le rétablissement des
squelettes.

Le produit de cette capture appartint en entier à MM. Lévêque, sans par-
tage ni avec le domaine, ni avec la
douane, attendu que ces poissons
furent poursuivis jusqu'à échouement,
amarrés à quai et saignés par les pour-
suivants, ce qui devint pour eux une
possession légale de pêche parfaitement acquise en droit.

Toute cette contrée du Val-de-Saire,
est d'une rare exception tout à fait historique dans toute la Normandie, c'est
elle qui nous rapproche le plus vitale-
ment du passé, tant par l'aspect des

ravages de la mer, que par ses vieux dictons et proverbes, le tout est vivant et ineffaçable dans ce pays.

Le nom de Val-de-Saire lui vient de la rivière la Saire qui se jette dans la mer à Réville, (en latin *Sara*) qui arrose la vallée de Montfarville, et, qui a servi à la dénommer *Val-de-Saire*. C'est à tort, comme on le voit, que plusieurs historiens l'ont attribué souvent à la déesse Cérès, divinité payenne à laquelle était dédié un temple situé au pied d'un vallon, sous le plateau de la Pernelle, tout le Val-de-Saire était voué au culte de cette divinité.

Sous le règne de Claude, un décret du Sénat romain avait aboli le culte des druides dans la Gaule celtique, mais, quoi qu'il en soit, et malgré cette abolition de très vieille date, les habitants de cette contrée ont toujours conservé certains usages de cette tradition, qui paraissent être des restes des fêtes du paganisme; encore aujourd'hui, les traditions, comme on le voit, meurent difficilement dans ce pays, ceux-ci-dessus ont subsisté jusqu'en 1545.

Dans toute cette contrée du Val-de-Saire, *exceptionnellement*, les habitants de tout âge, après le souper frugal du jour des rois qui a lieu le 6 janvier, se font fête d'allumer, en signe de réjouissance, des coulines en paille sur toute la rive, ce qu'ils appellent faire *couline vaulo*, courant de place à autre en criant : taupes et mulots, sors de mon clos, ou je te mets le feu sur le dos. Cette vieille tradition n'a donc rapport qu'à ce vieux passé, qui nous reste à l'état de mystère.

Pour attester ces vieux temps, l'auteur cite sans commentaire, en passant assez rapidement sur cet article, une trouvaille se rapportant entièrement à ces vieilles époques ; en 1821, il fut découvert dans un champ à Anneville-en-Saire, plusieurs objets en bronze, un coin et plusieurs autres morceaux de différentes formes et même singulières, une cuillère en fer tout à fait oxydée, contenant encore un culot en bronze ayant été mis en fusion, les cendres et le charbon marquaient encore.

En 1824, à Fermanville, on décou-

vrit également une assez grande quantité de haches et coins en bronze, de
différentes formes ; tous ces objets,
comme on le voit, se rapportent beaucoup au temps des Gaules, et font tout
l'effet d'être des instruments druidiques.

Ce pays du Val-de-Saire que l'auteur n'a pas eu le temps d'étudier dans
tous ses détails, ayant un emploi très
actif à la Chefferie de la Hougue, qui
lui laissait peu de temps à disposer, est
plein d'écueils intéressants, qu'il serait
bon d'approfondir et de méditer sur
place, en fouillant les vieilles archives,
et aussi les souvenirs des ancêtres du
pays, qui ont de vieilles mémoires tra-
ditionnelles, l'histoire ayant été un peu

négligée sur cette contrée, l'auteur ne s'attachera qu'à remplir le but qu'il s'est proposé en établissant cette petite biographie géologique, quelques notes suffiront pour se faire apprécier du lecteur, qui sera indulgent à cause de son éloignement de 100 lieues du point qui l'occupe.

Cette contrée est très belle, très riche à cause de sa culture dans un sol de première qualité, elle est peuplée de bons et honnêtes habitants, très travailleurs et très laborieux.

La pêche est une des principales branches du commerce dans le littoral de toute la côte ; le poisson de toutes ces rives rocheuses que le soleil frappe en plein midi, est sans aucun contredit le meilleur de tout ce qui en arrive aux Halles centrales de Paris. Il est d'une finesse si remarquable, que l'œil exercé le reconnaît facilement. Selon la nature du poisson, le dos est d'un beau bleu foncé et le ventre d'un blanc argenté clair, tandis que celui de presque toutes les autres côtes, est d'une couleur blafarde; et celui surtout de la côte anglaise est d'un jaune pâle et a le goût d'huile, comme le brochet et l'anguille de rivière.

La pierre de granit est également une grande branche de commerce pour ce pays qui fournit beaucoup pour la construction des lieux environnants, ainsi que pour Paris, tels que bordures de trottoirs, bouches d'égouts, dalles, pavages, etc. Les communes de Gatteville, Montfarville et Réville ont des chantiers d'extraction et de taille, qui sont assez nombreux et bien fournis.

Les marins de ce pays sont braves et courageux, et toujours prêts, pour le moment du danger, à voler au secours de leurs semblables ; la preuve se répète à chaque instant, et, dès qu'un danger se présente, le premier navire en péril reçoit toujours leurs secours.

Qu'il soit donc permis à l'auteur de citer en passant, un trait de bravoure de ces vieux loups de mer, au-dessus de tout éloge, et qui a un certain mérite ; il est tout à fait authentique et incontestable ; le voici : Avant d'être un poste militaire, les îles Saint-

Marcouf étaient désertes et en pâturages ; les habitants y déposaient quelquefois des moutons à pâturer et passer l'hiver ; or, le 27 décembre 1783, Charles Trohel père, de la commune de Réville, se trouvant à la pêche, par une grosse mer, du côté des îles, crut devoir aborder l'île d'amont et y débarquer son fils, alors âgé de 15 ans, pour y faire soigner ses moutons ; son débarquement eut lieu sans trop de difficultés ; en un instant la mer devint affreuse, et au moment de rembarquer, le père lutta longtemps avec sa barque contre l'élément en courroux ; tous ses efforts pour la contenir aux rives de l'île furent vains, il passait alternativement du sommet des flots écumants au fond de l'abîme, après s'être exposé aux plus grands dangers ; il fallut ainsi abandonner ce fils sur d'arides rochers, sans nourriture, et emporter avec lui la certitude de ne plus le revoir vivant ; son effort suprême fut d'aborder les rochers au risque d'y périr, et de jeter à ce malheureux enfant, un pain qu'il avait encore dans sa barque et qu'il eut la douleur de voir engouffrer par la mer.

De retour au port de Saint-Vaast, il raconte le malheur qui lui est arrivé, tous les cœurs se resserrent et sont glacés d'effroi ; l'autorité maritime, pleine d'émotion, fait aussitôt appel aux plus intrépides marins ; les vents d'ouest soufflant toujours avec la même impétuosité, l'impossibilité d'aller au secours de l'infortuné fils est reconnue.

Pendant quatre jours consécutifs, on épie le moment pour la délivrance; c'est une mer démontée qui fait la barrière éternelle entre le père et le fils; enfin, le 1er janvier 1784, on crut remarquer un peu de relâche dans le temps; Guillaume Houyvet, du port de Saint-Vaast, marin brave et courageux, se jette alors dans sa barque, et, sans calculer le danger, défiant la bourrasque, fait voile pour les îles Saint-Marcouf. Ce n'est pas sans danger qu'il aborde l'île d'amont; la mer en furie semblait encore vouloir lui disputer sa victime; après bien des efforts il parvient enfin à mettre pied à terre, ayant amarré son embarcation au mouillage, il s'empresse de chercher l'enfant, il le trouve étendu sur la neige, prêt à expirer ; aussitôt il lui administre quelques toniques avec prudence, rappelle un peu ses forces, le porte à son bord et fait voile pour Saint-Vaast ; il était rempli d'une joie indicible d'avoir pu, par sa vaillance, arracher ce fils à la mort, et le rendre à son père ; pendant les cinq jours que cet enfant passa sur cette île, sa seule nourriture fut deux bécassines de mer qu'il trouva mortes.

Depuis ce jour d'un malheur néfaste, Charles Trohel fils se trouva complètement découragé et détourné de la vocation de marin, et plus tard il fut s'établir à Barfleur, et malgré l'espace du temps qui nous sépare de cette époque, tout est encore vivant au foyer de la famille à Réville ; l'auteur a été invité en 1860 pour s'entretenir de ce sauvetage, par la famillle des descendants.

Pendant que nous sommes sur le chapitre des îles Saint-Marcouf, disons un mot de la commune de Saint-Marcouf-de-l'Ile, dont le nom fait union.

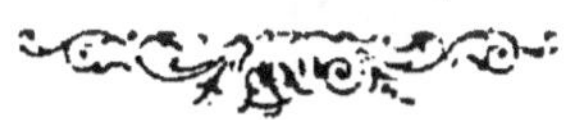

Saint-Marcouf

DOMINATION MÉROVINGIENNE

Childebert, fils de Clovis, est le premier de cette dynastie, dont la domination soit constatée dans notre pays de Normandie par des actes. Ce fut lui qui accorda à saint Marcouf, missionnaire saxon, et à ses compagnons, la terre de Nanteuil (Nantus), où ils fondèrent un monastère détruit en 848, aujourd'hui Saint-Marcouf-de-l'Ile.

Thierry III concéda de la même manière le fisc du Ham, près Montebourg;

cette concession est constatée par une
inscription contemporaine conservée
avec soin à la bibliothèque de Valognes,
et l'autel contemporain datant de douze
siècles ; ce monument y est soigneuse-
ment conservé ; c'est un carré régulier
dont chaque face a un peu plus d'un
mètre carré régulier, chaque face un
peu plus d'un mètre de longueur, et
contient une inscription contemporaine
de trois lignes, dont la première estpla-
cée horizontalement sur le bord de la
surface, et les deux autres sur la tranche ;
ces trois lignes forment un peu plus de
52 pieds de longueur, d'une écriture très
serrée et sans interruption entre les
mots ; c'est probablement le modèle le
plus vieux qui existe en France des

caractères mérovingiens, composés de lettres romaines dégradées, où commençaient à s'introduire les caractères tudesques qui suivaient en France le cours de la population allemande dans le pays; outre ces lignes horizontales, on remarque à quatre places, un bout de lignes perpendiculaires qui traversent les trois lignes horizontales, et s'adaptaient sur les quatre pieds de l'autel, qui étaient en pierre de Caen.

La commune de Saint-Marcouf dont les îles ont tiré leur nom, se trouve faire partie du Cotentin; ce nom tiré lui-même de Constance Chlore; cette paroisse est assise sur un terrain dont le versant aboutit à la mer en face des îles, elle se trouve à quatre lieues au nord de Carentan et à trois lieues au sud de Saint-Vaast-la-Hougue, or, ne faisant pas partie du Val-de-Saire, sujet de la petite biographie présente, l'auteur se propose de n'en dire qu'un mot en passant, à cause de son antiquité d'abord, et aussi à cause de sa similitude de nom avec les îles, qui font dépendance de Saint-Vaast-la-Hougue.

Cette commune remonte historiquement parlant au IVᵉ siècle, au temps des Romains, époque où ils soumirent les Unelles, peuple gaulois du Cotentin, et où la langue latine était en usage dans toute la Gaule.

L'église a été bâtie sur les ruines de l'abbaye de Nanteuil, le bourg, Nanteuil (Nantus), était important et très fréquenté, les voûtes souterraines qui existent encore aujourd'hui sous l'église attestent l'antiquité et l'importance du vieux monument sur lequel elle est assise et excitent la curiosité des étrangers ; dans le village à l'ouest de l'église, on a souvent découvert des tombeaux en tuf et en pierre, il en existe sous tout le village, les squelettes qu'ils renferment sont d'une haute stature, ces tombeaux ne sont qu'un diminutif des tumulus ou tombeaux gaulois, l'ancien cimetière se nomme la Sinagogue.

ILES SAINT-MARCOUF

Les Iles Saint-Marcouf sont au nombre de deux, l'île d'amont et l'île d'aval, *Duotimonis et Duolimonis*, et la commune *Nantus*, sont des appellations latines, ces îles prirent le nom de l'abbé Marcouf, compagnon de saint Hélier.

L'abbé Marcouf fut le fondateur du Monastère de Nanteuil.

En 520, il obtint du roi Childebert et de la reine Ultrogothe, un emplacement de terrain pour y bâtir le monastère dans le bourg de Nanteuil, il fut détruit par les gens du Nord qui ravagèrent les Gaules en 848 ; chaque année l'abbé Marcouf se faisait un devoir de passer le Carême aux îles.

L'historien Wace en donne un très grand détail dans ses ouvrages sur la Normandie, et dans son style ancien, en voici un poëme :

> A Saint-Marcof, en la rivière
> Riche abcie éra et planière
> Nantes à cel jor avait nom,
> Tote la contrée d'environ
> Hastains et Bier la gastèrent
> Robèrent la poiz l'allumèrent.

Comme on le voit et selon cet historien, il existait une rivière très profonde où la mer avait son flux et reflux, tenue par des portes de flot, dont on voit encore les traces en maçonnerie dans le Sandre, ce qui fait dire à l'historien dans son poëme, à Saint-Marcof en la rivière. Cette place et la rivière furent détruites vers l'an 848.

Tout près de l'église est une fontaine très ancienne, et selon la croyance de quelques personnes des environs, qui y viennent en pélerinage le jour de la fête paroissiale, qui a lieu le 2 mai, jour Saint-Marcouf, dont l'eau, dit-on, est médicinale (*Variis Morbis Optissimus*), il a existé une ancienne chapelle où avait lieu ce pélerinage, à laquelle une infinité de personnes affligées de mal, venaient rendre leurs hommages, elle fut vendue aux démolisseurs d'antiquités.

Au centre du village de l'église, il existe une place très ancienne nommée la Cour-au-Raë, elle fut donnée à la jeunesse pour ses récréations, par la reine Blanche de Castille, régente du royaume dans la minorité de Louis IX, exceptionnellement pour la jeunesse.

Sur le plateau de Saint-Marcouf-de-l'Ile, existe encore le vieux château des Biards, construit au temps des Gaules, renfermant encore sous les toits les cachots où l'on enfermait les esclaves punis, avec lits de camp et portes avec des verroux comme ceux des prisons ; ce château était la propriété des Pierre-pont.

Cette commune possède de très bonne chaux hydraulique, et dans ces carrières on trouve des pétrifications en coquillages et autres animaux fossiles dont nous ne connaissons plus l'espèce, certains coquillages semblent avoir appartenu à la limace, la coquille est en pierre dure comme le marbre et d'une finesse remarquable, quelques autres pétrifications avaient été recueillies et mises en dépôt par un amateur au château des Biards, une autre pétrification de ce genre est encore placée au linteau d'une maison située Grande-Rue à Montebourg, ayant appartenu à M⁰ Orri, ancien huissier au dit lieu.

Les îles Saint-Marcouf se trouvent en face Saint-Marcouf, à sept kilomètres de l'église de ce lieu, la distance qui les sépare entre elles est de 550 mètres environ, le courant qui passe entre les deux îles est très rapide, au flux et au reflux de la mer, se joint encore celui de la rivière des Veys, qui se déverse dans cette direction.

L'île d'amont est plus élevée et plus arrondie que l'île d'aval, la surface de cette dernière est en plan horizontal et s'étend comme un carré long vers la terre à laquelle elles ont dû appartenir.

Sous le règne de François Ier et sous le pontificat de Léon X, l'abbé de Cérisy donna les îles Saint-Marcouf pour asile aux Cordeliers français de l'île de Jersey, que le changement de religion obligea de quitter l'Angleterre, après y avoir demeuré quelque temps, ils allèrent s'établir à Valognes, où dans un combat de catholiques et de

protestants, fut mis à mort Guillaume
Le Cervoisier (1692).

En 1795, Messidor an III, sous le
Directoire exécutif, ces îles n'échap-
pèrent point à l'œil jaloux et inquiet
de la politique anglaise, l'état d'abandon dans lequel elles se trouvaient,
tenta nos voisins pour en faire
un repaire hors de toute atteinte, pour
y méditer les plans d'anarchie et de
révolte, ils s'en emparèrent et y for-
mèrent quelques établissements militaires, d'avance ils avaient reconnu
l'importance de ce poste jusqu'alors
négligé, ils s'en servirent pour inter-
cepter la navigation et toute commu-
cation entre le Hâvre et Cherbourg, et
particulièrement pour répandre la cor-

ruption et fomenter des troubles dans le département de la Manche, ces îles étaient également pour eux un point de correspondance avec le comte de Frotté, chef de l'armée royaliste contre Granville.

Le Gouvernement français s'émut de leurs agissements et reconnaissant l'utilité de ces îles, fit une tentative pour les reprendre aux Anglais qui les possédaient déjà depuis trois ans, le 17 avril 1798.

L'expédition fut organisée, et partit de la Hougue le 6 mai 1798 sous les ordres de l'officier général Musquin, et de Galbois, chef de bataillon du génie, jeune officier de grande espérance, elle était composée de quinze chaloupes canonnières, de quelques bombardes et de trente-trois bateaux plats, ayant à bord des pièces de gros calibre et des plus petites pour servir pendant la descente à terre; la flotille portait 3,000 hommes de troupe, partie à la rame de la Hougue à 9 heures du soir, elle arriva vers minuit au poste de mouillage par l'ouest nord-ouest, et resta dans cette position jusqu'à deux heures du matin; elle fit alors un mouvement, mais garda toujours à peu près la même distance des îles.

Par suite de ce mouvement, à trois heures la flottille se forme en trois divisions, selon l'ordre qui en avait été réglé d'avance au fort de la Hougue; chaque division devait d'abord agir contre l'île de Terre à cause de son importance, et ensuite contre l'île du Large, le moment d'attaque était fixé à la pointe jour.

La division de droite se porta au sud de l'île, mais, soit qu'elle fût mal dirigée ou qu'elle fût empêchée d'arriver à son poste par quelque circonstance imprévue et restée également inconnue, il est de fait qu'elle n'approcha pas, et, par conséquent ne put donner ; elle se rendit au contraire à une distance assez considérable du côté des Veys, de sorte que par cette manœuvre, son concours fut de nul effet ; celle de gauche, qui devait attaquer vers le nord-ouest, opérait son mouvement, et les bâtiments les plus avancés faisaient feu, tandis que les bâtiments de la division du centre, en attaquant vigoureusement, s'étaient intrépidement avancés sous le feu de l'ennemi ; ce fut donc cette division du centre qui marqua le plus dans l'action, et qui courut les plus grands dangers, car elle était exposée non seulement au feu de l'ennemi, mais encore à celui des chaloupes canonnières qui étaient sur les derrières ; néanmoins, cette division, quoique faiblement secondée par celle de gauche, et, maladroitement inquiétée sur ses derrières, ne s'en montrait pas moins ardente dans son attaque ; les troupes de ligne qu'elle avait à bord, impatientes de se mesurer de plus près avec les anglais, se disposaient à mettre pied à terre ; l'ennemi effrayé abandonnait le poste, et déjà le commandant anglais s'était jeté dans son canot ; mais un signal du commandant Musquin, au moment où l'ennemi avait cessé son feu, fit retirer les bâtiments avancés, le combat dura trois heures ; ce ne fut point au courage opiniâtre que les anglais durent leur avantage dans cette affaire ; la confusion et la mésintelligence seules leur assurèrent le triomphe. Les anglais restèrent maîtres des îles jusqu'à la paix d'Amiens, ils les rendirent à la France en 1802.

En 1805, sous le règne de Napoléon Ier, le gouvernement d'alors comprit l'importance de ce point ; il le fit fortifier par une superbe tour casematée, à deux batteries, l'une couverte et l'autre à ciel ouvert ; cette tour est un ouvrage de fortification unique en France, portant l'empreinte du chef auguste de la nation ; cette citadelle, en temps de guerre, est un refuge, et la défense des bâtiments français et de ceux qui font le trajet du Havre à Cherbourg.

ÉTAT ACTUEL DES ILES

Depuis l'époque où elles sont redeve-
nues françaises on ne cesse de les fortifier ; elles sont habitées militairement ;
l'eau potable, les vivres et autres den-
rées y sont apportés par un bateau du
port de Saint-Vaast, qui fait ce service
aux frais de l'Etat, deux fois par semaine, par les soins et sous les ordres
du génie militaire (chefferie de la
Hougue) ; à moins de temps impossible,
les vivres y sont toujours en provision
suffisante pour les cas de coups de mer
qui entraveraient ou arrêteraient tout

à fait le service de la navigation pour l'approvisionnement.

Cette fortification des îles est assise sur une masse de rochers ; elle défie les plus grands coups de mer ; ces rochers présentent dans leur ensemble mille formes plus ou moins bizarres, le sol est peu étendu, il n'y a point de culture, bien qu'il y ait de la terre végétale de bonne qualité, la surface se trouve en partie occupée par les bâtiments militaires dans les batteries, et sans nuire aucunement au service des bouches à feu ; en un temps il y avait des parterres de fleurs ; aussi voit-on la capucine légère présenter avec confiance ses guirlandes au canon, la tendre rose chercher dans l'âme du mortier un abri contre les aiguillons, l'œillet s'appuyer avec orgueil sur la bombe, et la timide violette offrir au boulet son doux parfum.

La chasse et la pêche y sont très agréables, les aquatiques marins de toutes espèces comme les poissons, viennent tour à tour offrir leurs flancs autour de ces îles.

Entre les îles Saint-Marcouf et le continent, il existe un écho merveilleux, très connu des navigateurs qui parcourent ces rives ; il semble transmettre la parole aux régions les plus lointaines ; en voici les effets : si dans la belle saison, par un temps serein et une mer calme, surtout pendant la nuit, à l'aide du porte-voix, on lui confie un mot composé de deux syllabes, comme amour, bonheur, il le répète aussitôt avec la même expression, des répercussions renouvelées en multiplient les accents, et la parole paraît se porter en direction jusqu'aux limites les plus lointaines, et selon la direction de la brise, soit à droite, soit à gauche; selon toute probabilité, cet écho sillonne des ruisseaux sortant de la chaîne de montagne qui fait face à la mer, et qui lui servent de conducteur en serpentant, et en commençant par leur aboutissant à la mer, jusqu'à la naissance de leur source, au fond des montagnes en parcourant tous les ravins.

Au temps où nous étions sous la domination anglaise, quelques communes environnantes ont en leur temps fourni à la nation britannique des hommes qui y sont devenus célèbres ; après l'invasion des envahisseurs, ces hommes d'un rang assez élevé se familiarisèrent à leurs mœurs et à leurs sciences; si bien que, engagés par eux, et sans nul doute, sous promesse d'avenir, ils firent abandon de leur patrie pour les suivre et se ranger sous leur drapeau.

Pour mémoire, en passant, qu'il soit permis à l'auteur de citer quelques noms de ces compatriotes, flétris et déshonorés par cet acte d'émigration lâche.

Lord Grenneville devint duc de Buckingham, les Aubigny, ducs de Norfolk, les Percy, ducs de Northumberland, les Saint-Maur, ducs de Sommerset, les Roussel, ducs de Bedfort, les Bohon, les Vère, les Saint-Jean, les Montaigu, les Néville, les Magnéville, etc., etc. Plus de cent sont partis sous la conduite d'Edwart III, roi d'Angleterre, et devinrent seigneurs avec de grandes richesses, et depuis cette époque, qui fut très brillante pour ces émigrants, une partie des familles illustres de la Grande-Bretagne, se font honneur de se dire descendants de ces hommes qui vinrent du Cotentin.

Avant de terminer cette petite histoire du Val-de-Saire, l'auteur a souvent remarqué dans ses parcours que la contrée réellement afférente aux vieux dictons et proverbes, à proprement

parler, a ses limites, et ne se compose
que de quelques communes qui en sont
le noyau, et qui dérogent moins que
les autres dans le langage habituel;
Anneville, Montfarville et Réville ont
entièrement cette qualité; entre les habitants, au foyer, il n'est pas rare de
voir figurer sur des baux, sur des quittances, des expressions se rapportant
beaucoup au vieux temps qui est encore
tout vivant, sans avoir subi aucune alté-
ration et auxquelles la loi de ce jour
fait droit.

Tout le Val-de-Saire n'a point conservé intacte cette vieille légende, en
dehors ou plutôt à l'exception des communes sus citées; quelques-unes ont
un certain reflet, mais un peu bâtard,

se rapprochant beaucoup de l'accent
qui y est commun, mais qui s'est trouvé
un peu corrigé par le contact des popu-
lations environnantes qui y apportent
une petite diversion confuse, mais le
fond qui se trouve dans la prononcia-
tion est une vieille incarnation qui a un
certain chant ondulé dans la voix ; le
tout ensemble fait reconnaître facilement au touriste que c'est bien là le
vieux Val-de-Saire, greffé et enté sur sa
vieille souche que des siècles ont laissé
intacte.

Cette superficie, qui se compose seulement de quelques lieues carrées, est
bien exceptionnellement un coin tout à
fait ménagé en Normandie, et qui est
tout l'objet de ce qui précède, il fait

diversion dans toute la France depuis la Neustrie, et on ne saurait trop le répéter, c'est une exception bien rare, surtout dans ce pays fertile, dont la richesse de ses grands produits donnent un contact dans le commerce pour les transactions, avec des commerçants de tous pays et surtout de la capitale.

Ce commerce est très abondant et très productif en lin, chanvre, etc., etc.; la pêche est d'une grande production, et malgré tout cela, ce vieux Val-de-Saire reste toujours le même sans dévier à ses usages.

Au XVIIIe siècle est né le célèbre philantrope et grand écrivain, l'abbé Castel, de Saint-Pierre-Eglise.

La branche du commerce des huîtres occupe une grande partie de la population de Saint-Vaast, les dépôts sont nombreux et considérables, chaque dépositaire emploie pour ce travail des parcs un certain nombre d'hommes et de femmes qui remuent ces mollusques deux fois par jour, les tournant et les retournant avec des rateaux à longues dents, et toujours en les changeant de place.

Pour ce travail qui est assez bizarre, les femmes ont une tenue tout à fait spéciale qui les distinguent de celles employées à d'autres travaux, elle est très en rapport avec leur métier; elles sont vêtues de jupons très courts, souvent à hauteur du genou seulement, à cause de l'eau qui les atteint quelquefois jusqu'à cette hauteur, une grosse camisole ou une courtepointe, elles sont coiffées de marmottes piquées ou de cappes très épaisses qui ne laissent voir que le nez, les yeux ne se voient pas ; leur chaussure est aussi très en rapport avec ce qui précède, elles portent des bottes de mer qui vont jusqu'au genou ou des sabots du Sud, ainsi nommés, très recouverts et bourrés de paille avec une précaution toute particulière.

Le métier de ces travailleurs et travailleuses est très dur surtout pendant l'hiver, importe le temps, importe l'heure de la marée, le travail se répète deux fois par jour, et même souvent, entre deux marées, il faut prêter la main à décharger un navire qui arrive, ou qui est mouillé dans les parcs, avec une cargaison d'huîtres, ce qui prolonge le temps de travail avec un petit surcroît de salaire, le temps de la marée se compose toujours de 3 ou 4 heures de travail régulier.

Depuis longtemps déjà MM. Le Guay ont fait construire un grand établissement dans l'expédition des huîtres pour toutes les villes de France avec viviers et parcs de rechange pour les dépôts et l'expédition, cet établissement est très important, on y emploie beaucoup de monde pour le travail d'emballage et de transbordement, il est appelé à devenir plus important encore à cause de la proximité du che-

min de fer s'embranchant à Montebourg, qui passe sur le seuil et sur
lequel on chargera pour Paris et
autres villes ; ce qui développera cette
partie de commerce et donnera une
grande extension au commerce de la
pêche et autres produits de la mer.

La pêche des huîtres est donc, comme
il est dit précèdemment très abondante
et très productive, la grande quantité
de parcs situés à l'abri de Tatihou a un
méridien qui fortifie ; entre deux cou-
rants qui y font leur jonction et qui
alimentent ce précieux produit, lui
donnent une valeur et une qualité supérieure qui est très connue et très
appréciée dans les halles, surtout à
à Paris.

En outre des anciennes huîtrières connues et qui avaient suffi jadis à l'approvisionnement des parcs et dépôts, en 1860 il en fut découvert une nouvelle d'une grande étendue et d'une grande production, sa superficie est telle que cent navires y peuvent draguer et manœuvrer sans être gênés dans leurs mouvements.

Le capitaine Michel, commandant la barque de pêche les Trois-Adolphes en fit la découverte d'une manière assez tragique; se trouvant de pallé de l'ancienne houestrière, en face des îles Saint-Marcouf, poussé au large à une très grande distance et dans l'impossibilité de pouvoir doubler pour effectuer sa rentrée au port de Saint-Vaast, las de combattre la mer devenue moutonneuse, curieux, animé d'un désir d'explorateur, envieux de connaître le fond sur lequel il passait, il fait mettre la drague à l'eau et filer du grelin, la drague atteint le fond à une assez grande profondeur, il le sentit rocheux, au bout d'un assez court espace de temps, il fait remonter la drague qui se trouvait complètement remplie d'huîtres du plus beau produit, il comprit qu'il venait de découvrir là un banc d'une telle abondance, qu'en quelques heures son navire fut chargé jusqu'à la lisse, et dès que le temps lui permit de s'orienter, il reconnut qu'il se trouvait directement devant Port-en-Bessin.

Son chargement étant terminé, la

mer redevenue moins mauvaise, il s'empressa de faire voile pour Saint-Vaast et d'accoster à quai pendant la nuit, se trouvant à côté de ses confrères qui avaient été comme lui enlevés du lieu de pêche ; or le matin au jour, très grande fut la surprise de tous les capitaines des autres barques, de voir ce navire chargé à couler de si beaux produits tout à fait inconnus au port, et, chacun de l'interroger, le régaler même et le prier de faire connaître son coin ; il fut discret croyant pouvoir se ménager cette découverte pour lui seul, dès la première sortie qu'il fit, il se trouva suivi, observé par ses collègues et le garde-pêche qui l'attendaient en face des îles Saint-Marcouf à l'embuscade, les apercevant, il tira une bordée en rebroussant chemin et rentra au port sans aucun mouvement de travail ; au bout de quelques jours, toujours observé et guetté, il reconnut qu'il lui était impossible d'échapper à la surprise, il fut donc par ces circonstances obligé de se décider à découvrir son cher nid, et de partager avec tous, le fruit de sa découverte.

Au bout de quelques jours tous les navires du port de Saint-Vaast se trouvaient réunis sur le lieu de pêche ; les Anglais ayant appris la découverte faite par le capitaine Michel, s'y trouvèrent également en assez grand nombre ; ces derniers remboursaient à la douane une assez forte somme comme prélèvement d'impôts, mais ils gagnèrent tous assez d'argent pendant la campagne; sur ce banc resté prospère et malgré qu'on l'ait dès cette première année, labouré jusqu'aux racines, soixante à quatre-vingts navires y ont fait leur campagne entière.

Le Val-de-Saire ne possède point de grands lacs, ni de grandes rivières, ni cricques de rochers, ni glacière, pas de cascades et pas de gouffres, mais sous la chaîne de montagnes qui fait face à la mer, une foule de petits cours d'eau y prennent source et alimentent ce pays sans que jamais la sécheresse y soit devenue complète, ces sources sont très bonnes et fournissent de très bonne et très belle eau.

Le Val-de-Saire se trouve composé de quelques lieues carrés des deux canton de Quettehou et Saint-Pierre-Eglise renfermant trente-six communes.

Le canton de Quettehou est formé de seize paroisses comme suit : Anneville-en-Saire, Aumeville-Lestre, Barfleur, Crasville, Montfarville, Morsalines, Octeville - la - Venelle, La Pernelle, Quettehou, Réville, Sainte-Geneviève, Saint-Vaast, Teurthéville-Bocage, Valcanville, Le Vicel, Videcosville, on pourrait y ajouter Isamberville si on la ressuscitait.

Le canton de Saint-Pierre-Eglise se compose de vingt communes comme suit : Angoville, Brillevast, Canteloup, Carneville, Clitours, Cosqueville, Fer-

manville, Gatteville, Gonneville, Gou-
berville, Maupertus, Néville, Rétoville,
Saint-Pierre-Eglise, Le Theil, Thé-
ville, Tocqueville, Le Vast, Varouville,
Vrasville.

Ces deux cantons touchent en partie
au littoral de la mer et forment le Val-
de-Saire, à cause de la rivière de Saire,
dont il a été question précédemment,
elle prend sa source au Mesnil-au-Val,
elle baigne Le Vast où elle fait marcher
la filature Fonteuilliat, Anneville-en-
Saire, et se jette dans la mer au pont de
Réville ayant fait un parcours de trente-
cinq kilomètres environ ; le nom pri-
mitif de cette rivière était en latin *Sara*
et c'est bien de ce nom, la Saire, que
ce pays a tiré son nom de Val-de-Saire.

(La vallée de la Saire) ainsi qu'il est dit précédemment, et non de la déesse Cérès, divinité païenne déjà citée et c'est par erreur que cela a été dénommé sous ce titre par plusieurs historiens.

La Sinope est encore une rivière assez importante, elle prend sa source dans les collines de Montaigu-la-Brisette, sur son parcours elle fait marcher une infinité de moulins pour la plupart très importants et vient ensuite se jeter dans la mer au pont de Quinéville.

Beaucoup de petits cours d'eau sortent de la chaîne de montagnes qui fait face à la mer et sont presqu'insignifiants ; celui du pont aux Fèvres et de la Couplière, ont leur embouchure près du raz de Gatteville ; celui de La Pernelle et celui du Vicel passent à Quettehou, se joignent à ceux de Morsalines et se jettent dans la mer à Carvalon ; celui de Grenneville a sa source aux Bûcheries et arrive à la mer à la maison Leterrier, dit Grand-Pré ; celui de la Vieille Cour et celui du Mont-Rôti arrivent au Lagnier ; et celui qui prend sa source à la ferme de Tilly arrive à la mer au bas de Crasville. Il en existe plusieurs à Aumeville-Lestre et à Lestre qui aboutissent tous à la mer. Tous ces ruisseaux sont d'un grand secours pour les habitants qui possèdent des terres au versant des collines faisant face au soleil. Ils fertilisent de très bons terrains en labour et pâturages.

La Commune de Grenneville

COMBAT DE LA HOUGUE

Avant le combat il fut établi des batteries d'artillerie sur le camp romain nommé le Castel de Grenneville, ainsi nommé *camp romain,* sur un mamelon très élevé presqu'isolé, ces batteries devaient jouer un grand rôle et rendre de grands services dans le combat des flottes, que soutint si vaillamment le célèbre amiral Tourville, et qui ne fut point une victoire pour nos voisins les Anglais ; la disposition toute naturelle de cette position était telle que si cette redoute par exception avait été armée de pièces à longue portée en protégeant la flotte française, elle aurait infligé de grandes pertes à la flotte ennemie, tandis qu'il n'y eut que le fort des Rougets qui donna dans l'affaire, son artillerie tonna en désespérée, où se distingua par son ardeur, un artilleur nommé Lequertier, du bas de Crasville, son feu ne fut pas de grand effet, n'ayant pas de pièces à longue portée à sa disposition, mais il inquiéta l'ennemi qui ne put opérer de descente dans ces parages.

Une armée de réserve était campée dans le Mont-Rôti, pour le cas du débarquement, ce qui n'eut pas lieu, elle fut donc de nul effet; pour ce cas la batterie du Castel n'avait rien à craindre dans le combat, se trouvant éloignée de la grève et protégée par le camp sus cité, qui, au besoin couvrait entièrement sa retraite qu'elle pouvait effectuer par la Bûcherie, le Lieu-Hubert, ou par la Vieille Cour et gagner le camp du Mont-Rôti.

L'artillerie de ce poste avait la partie belle, sa position était inexpugnable, elle était abritée par un talus de banquette qui couvrait entièrement les combattants formant le pourtour de cette forteresse improvisée et hors de toute atteinte du feu de la flotte ennemie ; dans une appréciation réfléchie sur cette position toute naturelle et par sa position stratégique et tout à fait préservée, on doit donc en conclure que, soit le défaut d'armement par des pièces à longue portée, soit manque de commandement, il y eut une grande incurie et que tout cela a bel et bien un peu contribué à la perte de nos vaisseaux qui combattaient en face de cette redoute et sous son abri direct.

Ce combat eut lieu sous la Hougue, le 29 mai 1692 où durant une journée entière tonna l'artillerie des deux flottes combinées de l'Angleterre et de la Hollande, composées de 88 vaisseaux bien armés contre la flotte française qui n'en avait que 24, et que, malgré son nombre bien inférieur, un ordre du roi forçait à combattre ; la victoire du combat appartint aux deux flottes réunies, le doute n'était pas possible comme bien on le pense, mais cette victoire fut peu brillante pour les Anglais, vu le nombre de vaisseaux en ligne, ensuite elle fut sans gain et sans capture, nos navires qui purent échapper effectuèrent leur retour sur Cherbourg, se trouvant poursuivis par leurs vainqueurs, ils furent brûlés sous le Galet, et ceux qui ne purent effectuer cette retraite furent échoués sous les murs de la Hougue et derrière le fort de l'Ilet, où, pour ne pas les laisser à l'ennemi ils furent brûlés, sur les ordres de l'amiral Tourville, le 2 juin 1692, tel fut donc ce qu'on appela les désastres de la Hougue, mais bien en l'honneur de la France, qui dans son

malheur néfaste ne livra rien au vainqueur.

En passant sur ce coin de Grenneville, ne perdons pas de vue son camp
romain, ses pierres druidiques et son
puits des fées qui remontent à plusieurs
siècles, cette commune sur la côte
orientale du département de la Manche
touche au littoral de la mer en face du
fort de la Hougue, elle fut le berceau
de la famille de Lord Grenneville d'Angleterre devenu duc de Buckingham,
parti de Normandie en 1045 à la mort
de Kanut II, roi d'Angleterre pour
escorter Alfred et Edward qui étaient
exilés en Normandie, ils s'embarquèrent
tous à Barfleur sous la conduite de
Godwin, comte de Kent, et de là fu-

rent mouiller les ancres au port d'Hanton.

Le climat de cette côte orientale, pour plusieurs causes, est excessivement tempéré, se trouvant face au soleil, entre la mer et la chaîne de montagnes qui l'abrite, la mer ayant le privilège d'adoucir et d'égaliser la température, la faible altitude du territoire, et enfin l'influence des vents du sud-ouest qui apportent avec eux les chaudes effluves des mers tropicales, baignées par les moites vapeurs d'un autre climat; toute cette contrée jouit donc pour ces causes, d'une température bien supérieure à celle qui lui appartiendrait normalement et proportionnellement, à son altitude; la moyenne de ce climat pendant l'année étant de 11° à 11° 5, dépasse d'un degré et demi environ celle de Verdun, ville située sous une altitude beaucoup plus méridionale.

Dans diverses localités de ce littoral on rencontre souvent des plantes assez tendres, assez fragiles, en pleine terre, des camélias, des fuschias, des myrtes, etc., etc., qui y poussent une très belle végétation.

Ce climat ressemble beaucoup à celui de l'Angleterre méridionale ; il est doux et tempéré, et par opposition à ceux continentaux, qui, faute de vents de mer et de pluies, sont généralement froids et très variables.

Anneville-en-Saire (Canton de Quettehou)

C'est le berceau d'une famille qui, dans le xie siècle, fit de grandes donations à l'abbaye de Lessay ; elle figura en Angleterre dans le comté de Devon et l'île de Wight, et, à la croisade de 1096, M. Le Tort d'Anneville, mort à 86 ans, avait siégé avec une grande distinction au parlement de Rouen.

Le château du Tourp appartenait dans le xvie siècle à M. de la Cour, chef des ligueurs, très redouté dans ce canton ; il fut pris par les troupes de Henri IV, en juin 1591 ; le nom de cette

terre est allemand et signifie village ;
aujourd'hui ce vieux domaine appartient à M. du Mesnildot, ancien député
de l'arrondissement de Valognes ; on y
trouve beaucoup de traces d'anciennes
habitations.

D'après les *Commentaires de César*,
notre département de la Manche était
occupé par les Unelles, peuple puissant,
datant de 57 ans avant Jésus-Christ.

En passant, et touchant ce qui précède relativement aux îles Saint-Marcouf, elles continuaient au sud la saillie
qui se termine actuellement au cap de
la Hougue, et l'île d'Aurigny tenait
au nez de Jobourg, antérieurement à
l'histoire.

Barbeflot ou Barfleur

Barfleur, petit port de mer sur la côte orientale de la Manche, tout près du phare de Gatteville qui l'éclaire.

Ce port est défendu par les forts de Tatihou et de la Hougue ; ce port possédait autrefois un monastère d'Augustins qui renfermait les restes d'une infinité de hauts personnages ; les démolisseurs d'antiquités de 1792 détruisirent cet établissement et l'abbaye, s'emparant des antiquités qui furent leur fortune. Mazeville, dans son histoire de Normandie, nous apprend que Barfleur était en un temps une ville assez importante et un bon port de mer.

L'an 1003, sous le règne de Robert-le-Pieux, Ethelred, roi d'Angleterre, leva une grosse armée qu'il mit sous la conduite de son sénéchal, avec ordre de descendre à Barfleur, de mettre la Normandie au pillage, et de lui amener le duc Richard enchaîné.

Ce commandement reçu, sa flotte leva l'ancre à Porstmouth et vint mouiller à Barfleur ; l'expédition mit pied à terre, et aussitôt un torrent de pillards parcourent les rues ; tandis que ces ennemis sans ordre dévastaient le pays, survint Néel de Saint-Sauveur, vicomte du Cotentin et gouverneur de la Basse-Normandie, avec ses soldats et les habitants des communes, les femmes même avec leurs quenouilles, les surprirent, et en firent un si grand carnage, que c'est à peine s'il en échappa pour porter en Angleterre la nouvelle de ce désastre.

L'an 1104, sous le règne de Philippe Ier, Henri, fils du Conquérant, roi d'Angleterre, vint à son tour mouiller les ancres au port de Barfleur, le jour du Vendredi saint; dès le lendemain il fut loger avec ses troupes à Carentan, pour secourir la Normandie, opprimée par Guillaume Courtebotte.

L'an 1120, sous le règne de Louis VI, le même Henri Ier, roi d'Angleterre, revint en Normandie avec toute sa cour recevoir le manteau ducal.

Après cette belle cérémonie, le nouveau duc et roi, suivi de toute sa cour et de toute sa noblesse, vint s'embarquer au port de Barfleur ; tous les navires équipés et pavoisés étaient dans le port et attendaient le vaisseau royal ; Thomas Airard, de Barfleur, se présente et dit : Sire, mon père, Etienne Airard, pilote royal, eut l'honneur de porter dans son navire le Conquérant, votre père, quand le bonheur lui donna la victoire contre Harold ; comme lui, je connais aussi les routes de la mer, et pour votre Majesté je tiens tout prêt un vaisseau nommé la *Blanche-Nef,* pour vous servir, et dont je supplie votre Majesté de m'honorer ; le roi lui répondit qu'il avait déjà choisi un vaisseau, mais que ses fils Guillaume et Richard, avec une bonne troupe de noblesse passeraient dans son navire et qu'il lui commandait de les bien guider.

Les matelots, joyeux et contents de cette faveur, reçurent, pour achever le comble, trois muids de vin ; ils burent avec un excès qui troubla leur raison, mais ce fut à leur perte et à celle de la jeunesse normande.

Beaucoup de barons commandés pour l'escorte des jeunes princes, au nombre de trois cents, montèrent dans le vaisseau qui regorgea aussitôt de jeune et folâtre noblesse.

Deux moines de Thiron, Etienne, comte de Boulogne, deux de ses gentilshommes, Guillaume de Roumare, le chambellan Rabel et Edouard de Salisbury, en sortirent et s'embarquèrent dans d'autres navires de l'escadre.

La *Blanche-Nef,* commandée par Thomas, partit aussitôt; chacun avait la main aux avirons et le navire commençait à fendre les flots, le vent à pleines voiles et en poupe; mais faute d'adresse de la part des marins que le vin avait troublés, le navire, mal gouverné, fut se fendre sur un rocher appelé Gatte-Raze, selon l'histoire, mais plutôt Quilbeuf, selon les marins du lieu, et faisant eau l'alarme fut aussitôt donnée; dans la panique, les uns se jettent à la mer et les autres demeurent noyés dans le navire; Guillaume, fils du roi,

11

se jette dans la nacelle ; il se serait sauvé, mais entendant sa sœur Mahaut, femme de Rotrou, comte de Mortagne, qui disputait avec la mort, implorant son secours, il commanda aussitôt d'approcher la nacelle trop près du vaisseau, celle-ci fut incontinent si chargée qu'elle coula à fond et tous furent perdus.

Les principaux furent : Guillaume Adelin, fils du roi, Richard, son frère, Mahaut, leur sœur, Richard, comte de Blois, Geoffroy Ribel, Robert Mauduit, Guillaume de Pirou, Hugues Desmoulins, le petit Théodoric, neveu de Henri, empereur d'Allemagne, les fils de Yves de Grandmesnil, Guillaume de Rédolent, Raoul Leroux, Guilbert d'Hiesme.

Tous les jeunes seigneurs de la compagnie du jeune prince, tous les chapelains du roi, dix-huit dames, toutes filles, sœurs, nièces ou femmes de rois, cent cinquante soldats, cinquante matelots et trois pilotes.

Le capitaine du navire perdu s'efforçait de nager, levant la tête il aperçoit Geoffroy-de-l'Aigle qui flottait accolé à un mât, il lui demanda ce qu'était devenu le fils du roi, sa réponse fut : « Il est péri. » Le lendemain matin, un boucher de Rouen, nommé Bérold, fut recueilli au rivage, flottant accolé sur un mât, il fut sauvé, et il raconta comment le malheur était arrivé.

Les habitants de Barfleur s'organisèrent et s'empressèrent de retirer les débris du navire ; les trésors et les meubles y furent retrouvés ; les personnes de haut rang qui périrent dans ce naufrage furent inhumées, avec leurs diamants et bijoux, dans le chœur de l'abbaye de Barfleur.

Les poëtes et les grands écrivains de ce temps s'exercèrent à déplorer ce naufrage et à faire l'historique des victimes et de leurs familles.

Suit l'analyse de ce naufrage, reproduite d'après ce qui précède, par M. le comte de Pontgibaud, qui a lu et relu mon manuscrit, et qui fait le plus grand honneur à ce triste et lugubre naufrage.

Triste Histoire

Onc, depuis icel jour, ne vit ce Roy sourire

I

Le souvenir navrant d'une histoire émouvante,
Que je passe à Barfleur, me saisit d'épouvante,
Car il me semble encore revoir ce qu'il advint
En la nuit du vingt-trois novembre onze vingt.
Henry premier avait à Barfleur une flotte
Prête à franchir la mer. Lorsqu'un jeune pilote,
Qui s'appelait Thomas Airard, porteur d'un beau marc
Au roy qui s'en allait, voulut parler encor,   [d'or,
Et lui dire cecy : « Je suis le fils d'Étienne ;
« Ne jugerez-vous pas, sire, qu'il appartienne
« Au fils aîné de l'homme auquel échut l'honneur
« De transporter le duc, notre maître et seigneur,
« Alors qu'il s'en allait *conquester* l'Angleterre,
« De venir devers vous, quand vous êtes à terre,
« *Clamer* ce glorieux et noble office à fief.
« J'ai là pour vous servir, ô roy, ma *Blanche-Nef*,
« Vaisseau gréé de neuf que des rameurs habiles
« Sauront faire voler sur les vagues mobiles;
« Or le Roy répondit : « Mon pennon pend aux mâts
« Du navire royal; mais je consens, Thomas,

« A *logier* en la nef d'un serviteur fidèle,
« Mon fils aîné, Guillaume, avec sa sœur Adèle,
« Et le jeune Richard, *chiers enfants de mon cueur.*
« Escortés par les gens qui nous firent vainqueurs,
« C'est toi que le *soulcy* de leur salut regarde :
« C'est ma vie, et mon sang que je fie à ta garde,
« Puis les coffres où sont entassés les trésors.
« Emboursés sur la France à la paix de Gisors. »

II

A l'heure où dans les cieux miroitent les étoiles,
Le navire du Roy partit à pleines voiles ;
Le terme du voyage était de suite atteint,
Et Northampton le vit arriver le matin.

III

La *Blanche-Nef*, dont il attendait la venue,
Dans l'anse de Barfleur était cy retenue,
Ayant à *recepvoir* quatre cents passagers,
De joyeux *compaignans* et d'évêques âgés.
Les dames se miraient dans la mer transparente ;
Barons et chevaliers étaient là cent quarante,
De la noblesse anglaise et normande ; la fleur
Avait *prinz* en ces jours rendez-vous à Barfleur.
— Hélas ! on fit le soir déjà plus d'une faute,
En attendant trop tard que la mer fut plus haute.
Sur l'ordre des barons on avait, par malheur,
Versé maintes rasades aux marins de Barfleur :
Ce breuvage, dont ils ignoraient les pièges,
Les faisait trébucher, tomber contre les sièges,
Contre les coffres d'or et les caissons d'argent,
Sous lesquels ils allaient rouler en les chargeant.

Le temps était serein, — par les zéphirs, bercée,
La mer promettait une heureuse traversée ;
Quand, soudain dérivant, — le vaisseau, quoique neuf,
Va s'éventrer au roc de Quilbœuf ;
— La pauvre *Blanche-Nef* avait fini sa course.
— Abimés dans la nuit et perdus sans ressource,
Affolés de terreur, ces nombreux passagers
Voyaient venir la mort ; ils étaient naufragés ;
Et leurs cris, entendus fort au delà des côtes,
Faisaient transir les gens dont ils furent les hôtes.

IV

En cette heure, Thomas, rageant de désespoir,
A travers le tumulte et l'ombre du ciel noir
Ne pensant qu'à sauver l'héritier du Royaume,
Saisit par les cheveux le fils aîné, Guillaume.
Le futur Roy n'avait pour lors que dix-huit ans.
Grâce à Dieu, le pilote avait pu mettre à temps
Une barque à la mer et gagnait le rivage ;
Mais, comme l'on n'est pas égoïste à cet âge,
Ayant ouï les cris déchirants de sa sœur,
Guillaume, à tout prix, veut être l'ange sauveur.
N'écoutant que la voix plaintive qui l'appelle,
Il fait virer de bord pour se rapprocher d'elle ;
Il touche à l'entrepont, mais au même moment,
Les naufragés, en masse accrochés follement
A la barque qui vient aborder au navire,
La font si fort verser que la barque chavire.

V

La vague emporte tout ; deux têtes seulement
Emergent an milieu de ce clapotement,

Savoir : Un chevalier, fils de Geoffroy de Laigle,
Puis Bérold, un boucher de Rouen. C'est la règle,
Qu'autour du bâtiment broyé quelques bâtons
Flottent, que les nageurs saisissent à tâtons.
Tous deux, les doigts crispés, s'accrochaient à la pointe,
Quand Thomas, cramponné sur la barque disjointe :
« Qu'est devenu le fils du Roy, leur criait-il ;
« Qu'est devenu le duc, notre prince gentil ? »
Une voix répondit : « La mer *prinst* tout le monde. »
Ce qu'ayant trop ouï, Thomas, dans l'eau profonde,
Se laissa tomber vif. Onc plus ne le revit.

VI

A ce désastre immense, un seul être survit:
Car le fils de Geoffroy, de sa main impuissante,
Ne put se maintenir sur la vergue glissante.
La chronique du temps n'eut garde d'oublier
Le trait attendrissant du jeune chevalier,
Lequel, se voyant choir au profond de l'abîme,
Priait pour le salut de l'autre. — C'est sublime !

VII

D'entre les naufragés, le sieur Bérold eut l'heur
De pouvoir atterrir aux grèves de Barfleur,
Juste à l'heure où lui-même expirait hors d'haleine.
C'était un pauvre hère, en hoqueton de laine ;
Une peau de mouton était son couvre-chef.
De tous les *passagiers* de cette Blanche-Nef,
Qui dans le port, la veille, à tous faisait envie,
Lui tout seul, pauvre diable, était encore en vie.
Le beau monde l'avait reçu par charité,
Et lui seul échappait au remous irrité.

VIII

Dirai-je que le Roy, debout sur l'autre rive,
Attend la *Blanche-Nef*, priant Dieu qu'elle arrive,
Et, ne la voyant point, se demande pourquoi.
Ceux-là qui le savaient ne l'osaient dire au Roy.
L'histoire dit qu'enfin le chief de l'équipage
En dévolut le soin à son plus jeune page.
L'enfant, aux pieds du Roy, se confondant en pleurs,
Ainsi lui révéla son deuil et ses malheurs.
Frappé d'un pareil coup, le Roy tomba par terre.

IX

Onc depuis on ne vit rire Henri, roi d'Angleterre.

X

Enfants, si, par hasard, vous êtes curieux
De savoir la raison qui me rend sérieux,
C'est qu'après sept cents ans, bien qu'étant d'un autre
Je crois être assistant aux scènes du naufrage : [âge,
Priant la sainte Vierge et le bon saint Joseph
Pour les défunts sombrés avec la *Blanche-Nef*.

Appendice à la légende de la Blanche-Nef

Mon récit était clos, quand d'un air ironique
Un clerc en renom vint redresser ma chronique
« Ce naufrage, dit-il, ne fut que châtiment
D'un blasphème lâché, sans doute étourdiment,
Par l'héritier royal à l'heure décisive
Où son pied de la France allait quitter rive
Pour tantôt gagner terre aux côtes d'Albion. »
J'ignorais que ce fût une punition
Du Ciel, ainsi vengeur d'un vilain mot du Prince ;
La peine qui suivit de près ne fut pas mince
Dieu sur ta frêle coque appesantit son bras,
Pauvre Nef, — et par lui maudite — tu sombras
Une charte du temps, conservée à Coutance,
Relève le détail de cette circonstance
Absente du récit des vieux historiens
C'est que Guillaume, ayant près de lui des vauriens,
Bien qu'ils fussent sortis d'extraction très noble
S'avisa d'insulter, par un sarcasme ignoble
Les saints prêtres venus avec nombreux clergé
Pour que le vaisseau fût — d'eau bénite — aspergé,
Avant de lever l'ancre ainsi que c'est coutume ;
— Or, voyant advenir les clercs en noir costume.

Ces étourneaux, faisant chorus avec leur chef
Peu curieux qu'on vint bénir la *Blanche-Nef*,
En donnant au malin esprit libre carrière
Se prinrent à crier : *Hou ! Les corbeaux, arrière*
En s'esclaffant de rire à s'en tordre — si bien
Que deux moines suivis d'un chevalier chrétien,
Estienne de Mortain, surnommé le Grand Comte
De naviguer avec de pareils folz ayant honte,
Et voulant décliner l'offense des railleurs
Déguerpirent du pont et s'en furent ailleurs
Fréter une autre Nef qui ne fut point maudite
— Ainsi se tire au clair la légende inédite.

MORALE

Le pouvoir des humains rarement a suffi
De la grâce d'En-Haut ne faisons jamais fi.

L'an 1346, sous le règne de Philippe de Valois, sous le règne d'Edouard III, les Anglais, après avoir opéré leur débarquement à Saint-Vaast-la-Hougue, la ville de Barfleur fut encore à nouveau livrée au pillage, le port fut comblé et détruit, les principaux habitants enlevés et mis à bord des vaisseaux de l'ennemi, afin d'éviter qu'ils ne se vengeassent du mal qui leur avait été fait, en fin de compte, et, comme on le voit par ce qui précède, ce qui n'est qu'une teinte des tristes sentiments qui ont toujours animé nos bons voisins les Anglais ; là, on voit percer le désir de posséder notre presqu'île, et leur con-

voitise pour le butin de rapine, ce qui
a été et ce qui sera toujours dans leurs
mœurs; cette nation est toujours la
perfide Albion que l'on connaît en
Normandie, toujours attentive et au
guet d'un nouveau butin, animée du
désir de s'emparer de nos côtes nor-
mandes, c'est ainsi que ces voisins ont
toujours tenté d'opérer des descentes
dans cette vieille Gaule où les avait si
bien dirigés et guidés le fameux traître
Godefroy d'Harcourt ; par sa trahison,
les départements de la Normandie restèrent ainsi tyrannisés pendant cent
quatre ans, sous le joug de cette nation.

L'an 1692, sous le règne de Louis XIV,
lord Russel, amiral anglais, vint de-

vant la Hougue avec une flotte de quatre-vingt-huit vaisseaux pour livrer combat à l'amiral Tourville, qui n'en avait que vingt-quatre à mettre en ligne, force bien inégale ; mais un ordre du roi le força à se battre ; le combat fut terrible de part et d'autre ; l'amiral anglais nous brûla treize vaisseaux, les autres effectuèrent leur retraite sur Cherbourg, où ils avaient espoir de trouver un abri sous les forts ; mais, poursuivis par le vainqueur, selon les ordres du célèbre amiral Tourville, ils furent brûlés sous le Gallet et les autres sous la Hougue.

Ce combat ne fut pas une victoire pour les Anglais, il fut sans trophée et sans gloire, et aussi sans bénéfice ; pour nous, il fut un avertissement dans l'avenir, c'est ce qui engagea le roi Louis XVI à faire construire un plus grand nombre de forts pour la défense de Cherbourg.

Les forts de la Hougue, de Tatihou et des îles Saint-Marcouf furent augmentés et modifiés dans leur ensemble de défense, si bien que, se trouvant aujourd'hui armés de pièces de gros calibre, nos voisins les Anglais réfléchiront avant de se risquer sous le feu croisé de ces forts; la facilité dont ils se permirent d'user à cette époque est tout à fait disparue. Mais il reste l'explication qui suit concernant la trahison de ce fameux Godefroi d'Harconrt.

Par la trahison de Godefroi d'Harcourt, rival de Robert Bertrand, et après trois jours de siège devant le château Cornet, défendu par les Français, la place dut faire sa soumission, et l'île de Guernesey rentra sous la domination anglaise; plus loin on verra comment les îles appartiennent aujourd'hui à la Grande-Bretagne.

Ce résultat, que je ne peux passer sous silence, augmenta le crédit de Godefroi, qui se servit de son influence sur Edouard III, roi d'Angleterre, pour le décider à débarquer en Basse-Normandie. « Sire, disait-il, ce pays est l'un des plus gras du monde; je vous promets sur ma tête que, si vous y arrivez, vous y prendrez or, argent et terre à volonté, sans résistance; vos gens auront si gros butin qu'ils s'en ressentiront pendant plus de vingt ans; votre flotte pourra vous suivre jusqu'à la hauteur de Caen. »

Edouard, que les vents empêchaient de poursuivre sa route vers la Guienne, se rendant aux conseils de Godefroi, se décida à débarquer sur les côtes du Cotentin; il prit terre à la Hougue de Saint-Vaast le mardi 12 juillet 1346.

Pour fêter son entrée en France, il arma chevalier son fils aîné, qui rendit si fameux le nom de Prince noir; son armée, prête à marcher, se mit en mouvement, guidée par Godefroi d'Harcourt, qui connaissait le pays; il commença cette audacieuse campagne qui devait aboutir à la journée de Crécy et au siège de Calais.

L'armée anglaise traversa toute la Normandie sans résistance, pillant villes et campagnes, promenant la dévastation, nous mettant sous la domination de cette nation pendant cent quatre ans; c'est ainsi que Godefroi pilla et fit piller le château de Chiffrevast, par la plus atroce des haines, et qui répugne à l'auteur de retracer en détail ; le cartel de défi fut affiché à la porte dudit manoir le 2 mars 1354.

Le premier dimanche de carême (2 mars 1354) au point du jour, Godefroi avait fait afficher un cartel de défi à la porte principale du manoir de Chiffrevast. Le lendemain matin, il

arrivait avec ses gens, dont l'ardeur
était stimulée par l'espoir du butin.
La rage des assaillants s'exerça d'abord
sur les panonceaux qui se dressaient à
l'entrée du manoir, pour rappeler que
la personne et les biens du seigneur
étaient sous la protection particulière
du roi. En un instant les panonceaux
furent jetés par terre et mis en lam-
beaux, foulés aux pieds et traînés dans
la boue.

Après s'être débarrassés d'insignes
qui pouvaient inquiéter les consciences
timides, les conjurés commencèrent
leur œuvre de destruction. On les vit
abattre les chevaux et les bœufs, com-
bler les puits avec les cadavres des
bêtes, brûler les titres du chartrier et

tous les meubles qui ne leur parurent pas bons à emporter ; défoncer les tonneaux dans les caves et gaspiller les blés dans les greniers ; ruiner les bâtiments, rompre les chaussées et les écluses de trois rivières remplies d'excellent poisson, et détruire de fond en comble quatre moulins à eau.

Le manoir n'était plus reconnaissable ; il semblait qu'on eût voulu en effacer tous les vestiges, et faire passer la charrue sur l'emplacement de cette belle résidence.

La haine de Godefroi d'Harcourt ne fut cependant pas assouvie par la sauvage expédition qu'il avait dirigée en personne sur la principale terre de son ennemi. Il désigna à ses complices

les autres domaines de Nicolas de Chiffrevast ; ce fut le signal de nouvelles
scènes de violences et de pillage, dans
le manoir du Val-de-Cie, de Briquebosc, de Prestreville, dans les moulins
d'Huberville et de Barnavast. Les
excès commis à Briquebosc furent tels
que la mère de Nicolas de Chiffrevast,
qui vivait retirée dans cette seigneurie
en mourut d'épouvante.

Godefroi avait atteint son but, personne n'osait plus lui résister dans la
presqu'île du Cotentin, et il put libre-
ment instituer des officiers pour perce-
voir en son nom les revenus des fiefs
qui avaient appartenu au sire de Chiffrevast. Il agissait à peu près comme
s'il eût eu le titre de duc de Normandie,

qu'on l'avait accusé d'avoir ambitionné quelques années auparavant.

Le roi fut bientôt instruit des événements dont le Cotentin venait d'être le théâtre, et l'enquête eut pour résultat de découvrir quarante-cinq des principaux complices de Godefroi, et dans un combat, ce dernier enfermé dans un enclos passa par les armes des Français qui combattaient les Anglais qu'il avait si bien dirigés.

Clitourps

Canton de Saint-Pierre-Eglise, appelé dans les anciennes chartres *Torgistorp*, avait un prieuré sous le titre de Saint-Michel, dont la fondation remontait à Henri, roi d'Angleterre.

Clitourps était traversé par un chemin perrey, comme le prouve une concession faite en 1213 par Raoul, fils d'Amaury, à Robert de la Vallée.

Cosqueville (Canton de S¹-Pierre-Eglise)

Dans cette commune on remarque trois monuments druidiques ; une pierre levée sur la grande ferme, un dolmen au hameau de la Trigalle, où l'on a découvert quarante coins en bronze et une pierre branlante au bord de la mer.

Fermanville

Arrondissement de Cherbourg, canton de Saint-Pierre-Eglise, population 2,200 habitants.

Dans cette commune étendue et populeuse plus rapprochée de l'île de Wight et de Portsmouth que Cherbourg et Barfleur, il y avait autrefois un port fréquenté des Romains. Peu de nos communes, excepté celles où il existait des stations bien connues offrent plus de traces romaines que celle de Fermanville dans le voisinage du Cap-le-Vic. C'est là qu'une armée anglaise commandée par le roi Henry II vint débarquer en 1177.

Il y a dans cette commune et dans
quelques autres cantons, un souvenir
curieux du moyen âge ; c'est la rue
aux Juifs. Les découvertes de haches
et de coins en bronze ont été nom-
breuses à Fermanville, particulièrement dans le quartier du Bois, des
meules romaines et beaucoup de
tuiles à rebord et d'imbrices, autour
de la petite baie appelée le Pied-Sablon
et du hameau du Perray ; il y avait
naguère plusieurs pierres levées, plusieurs routes très anciennes, plusieurs
chaussées venaient de très loin aboutir
à Fermanville. La plus remarquable
partait du camp du Montcastre à Montebourg.

Gatteville

Canton de Saint-Pierre-Eglise
Population : 1150 habitants

Le courant dangereux connu sous le nom de Raz-de-Gatteville a nécessité l'établissement d'un phare sur ce point. Le premier fut construit sur la partie saillante du rocher de Gatteville pendant les années 1774 et 1775, aux frais de la Chambre de commerce de Rouen, qui s'élevèrent à la somme de 90,000 francs. Sur un fondement inébranlable était assise une plate-forme octogone, bâtie en talus et entourée d'un mur d'appui; de cette base s'éle-

vait une tour cylindrique, haute de
73 pieds. Le sommet de la tour était
orné de moulures circulaires. On y
admirait des corniches d'un granit
de couleurs variées, elles avaient coûté
plus de trois cents francs, pour la taille
seulement, à l'entrepreneur Maurice.
On jugea qu'il avait travaillé en artiste
au point de vue de la perfection du travail, plutôt qu'en vue de ses intérêts.
Aussi, la Chambre de commerce, pour
lui témoigner sa satisfaction, lui donna-
t-elle 20,000 fr. au delà du prix de l'adjudication. On se plaît à consigner ces
détails qui honorent la mémoire de nos
anciens entrepreneurs. Ce phare construit, il fut d'abord éclairé avec du
charbon de terre ; mais bientôt après,

vers 1780, par l'ordre des syndics de la
Chambre de commerce de Rouen, on
substitua à cette lumière celle des ré-
verbères, consistant en 16 lampes
fournies d'huile.

Depuis longtemps, on s'apercevait
que ce phare n'était pas assez élevé, sa
lumière ne portait pas à plus de deux
lieues. En 1827, M. de La Rue, ingénieur des ponts-et-chaussées pour l'arrondissement de Valognes, ayant reçu
des ordres, fit commencer un nouveau
phare, dont M. d'Estourmel, alors préfet de la Manche, vint poser la pierre
d'honneur; il a à peu près trois fois la
hauteur de l'ancien; il a été terminé en
1833, sauf la lanterne qui ne fut placée
qu'en 1834. Le beau granit employé à

sa construction a été pris dans le voisinage, toute la côte étant granitique,
depuis la Hougue jusqu'à Fermanville.
L'adjudication de ce beau phare fut
donnée à M. Menard, de Saint-Vaast,
à la somme de 332,000 francs. La lanterne, construite d'après le système de
Fresnel, a coûté 30,000 francs, à Paris.
Il faut voir ce magnifique monument
pour se faire une idée de son importance
et de la belle exécution du travail.

Durant la construction de ce phare,
un phénomène dont on ne connaît pas
d'exemple dans le pays, vint étonner
tous ceux qui y étaient employés; vers
le 10 août 1832, époque à laquelle les
travaux s'élevaient déjà à 120 pieds de
hauteur, le phare fut enveloppé dans

un rayon de plus de 50 mètres par une nuée d'insectes microscopiques, coléoptères et de forme allongée ; ils causèrent une grande démangeaison à tous les ouvriers, sur les parties du corps qu'ils purent atteindre ; les pantalons blancs, les papiers et les rideaux en étaient tout noirs. Cet insecte devait appartenir à la mer et ne causer d'autre accident que la surprise et une démangeaison insupportable ; les ampoules n'eurent pas d'autre effet.

Gonneville (Canton de St-Pierre-Eglise)

Dans cette commune, il existe une très belle filature de coton appartenant à M. Sellier.

On y a trouvé beaucoup de fragments de tuiles romaines, il y a aussi, sur un point très élevé, une pièce de terre qui a conservé le nom de Castelet, d'où l'on a une vue très étendue, ce sont là des positions comme les choisissaient les Romains pour leur défense.

Les ducs de Normandie et rois d'Angleterre ont séjourné plusieurs fois dans l'ancien château de Gonneville ;

Gonneville est la patrie de Julien d'Aboville, mort en 1773, lieutenant général des armées du roi. Un général du même nom et de la même famille fut fait sénateur sous l'Empire, et mort pair de France. C'est là qu'est né François Jouenne, éditeur à Paris, des Etrennes mignonnes, en 1724; après avoir fait beaucoup de bien à sa famille, il avait fondé trois écoles en faveur des pauvres dans cette commune.

Grenneville (Canton de Quettehou)

Cette petite commune est réunie à Crasville pour le civil ; c'est le berceau de la famille des seigneurs de Grenneville, qui passèrent en Angleterre avec le Conquérant, formant la tige des ducs de Buckingham et de Chaddos, dont les Anglais se font honneur de descendre.

Il y a à Grenneville un castel romain ; on a trouvé dans le cimetière plusieurs sarcophages de tuf.

Sur ce castel est le puits des Fées ; on vient de construire un fort à côté de l'emplacement du Clos-Rouge, sur ce point culminant dominant tout le bas pays et la rade de la Hougue ; croisant ses feux avec les îles Saint-Marcouf et Tatihou, il est appelé à jouer un grand rôle dans une attaque par mer ; par sa position très élevée il se trouve complètement à l'abri des feux de l'ennemi et inexpugnable.

Sa poudrière se trouve sous le castel à l'abri de tout projectile ; en la construisant on a dû se procurer le plaisir de sonder le puits des Fées et d'y reconnaître le travail du temps des Romains.

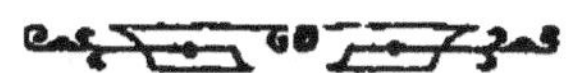

Le Mesnil-au-Val

C'est dans cette commune que la Saire prend sa source. Je n'en parlerai que pour cette cause, ne faisant pas partie du Val-de-Saire.

Il y a dans le bois de Mémont, nommé le Rocquier, un dolmen appelé la Pierre-aux-Fées ; la table a neuf pieds de longueur, six de largeur et cinq d'épaisseur, sur des supports presque recouverts de terre.

Traces de la voie romaine de Valognes à Cherbourg dans la pièce à Yvraie, sur la Boissaie.

La Pernelle

Arrondissement de Valognes, canton de Quettehou, population 335 habitants ; cette commune est le plus beau point de vue de la côte orientale du département de la Manche ; sur ce plateau-observatoire on voit la mer d'un beau bleu, sillonnée dans tous les sens par les barques du cabotage et de pêche.

Pendant la guerre, cette belle et riche contrée de mer est traversée par des convois et escadres faisant le trajet du Havre à Cherbourg ; à gauche on voit le village de Gatteville, dont le cap s'avance dans la mer, portant son phare, magnifique colonne de granit, tour géante qui éclaire l'entrée de Cherbourg, et se voit des ports du Havre et de Caen; plus près, l'antique ville et port de Barfleur, cité par nos historiens pour les différentes époques qu'elle rappelle.

A droite, le port de Saint-Vaast-la-Hougue, nom qui rappelle une journée dans nos annales, où le comte de Tourville, vice-amiral de France, combattit deux flottes ennemies; quels souvenirs pour l'esprit français. Sur cette rade de la Hougue, si bleue et si calme, tonnait l'artillerie de deux grandes flottes; ce combat du grand Tourville, malgré ses suites désastreuses, jeta, comme on l'a fort bien dit, tout l'éclat d'une victoire, contre deux flottes combinées, qui nous brûlèrent quelques vaisseaux, sans gloire, comme il est dit précédemment. On voit aussi deux superbes tours-forteresses ; c'est l'île Tatihou et la Hougue, construites du temps du maréchal Vauban ; du même côté les îles Saint-Marcouf, rochers inébranlables, souvenir du 17 avril 1798. Sur l'île du large une superbe tour casematée à deux batteries, l'une couverte et l'autre à ciel ouvert. Elle est du règne et du génie du chef auguste de la nation. Plus loin, on voit les côtes du Bessin, rochers escarpés, contre lesquels vint autrefois se briser un vaisseau espagnol, appelé *Calvados*, naufrage d'heureuse mémoire, duquel le département a tiré son nom.

Non loin de cette côte, le 15 avril 1450, se livra cette grande bataille ; ce jour-là fut le résultat de la mémorable journée, victoire de Formigny, remportée par le connétable de Richemont, sur les Anglais ; cette journée fameuse, citée dans nos annales, fut l'expulsion entière des Anglais de Normandie.

On voit aussi du même côté la rivière des Veys, nom qui rappelle les temps du moyen âge (968), où Harold, roi du Danemarck, envoya quarante vaisseaux bien armés ; les troupes dont ils étaient chargés, opérèrent leur débarquement aux Veys Saint-Clément, près d'Isigny, pour secourir Richard-sans-Peur, duc de Normandie, contre Lothaire.

On voit encore sur une hauteur, Quinéville, nom qui rappelle une ancienne colonne de pierres calcaires, qui y fut érigée comme trophée de la victoire remportée par Titurius Sabinus, contre les peuples de l'Armorique, vers 60 ans avant Jésus-Christ.

Non loin de la Pernelle, plateau observatoire, au pied d'un vallon, fut autrefois un temple dédié à la déesse Cérès, de laquelle le pays a dû tirer son nom, selon les historiens de ces temps, tandis qu'il n'en est rien ; le Val-de-Saire tire réellement son nom de la rivière la Saire, arrivant dans la vallée en latin (*Sara*).

La déesse Cérès était une divinité païenne à laquelle étaient voués tous les habitants de la mer ; ils suivirent encore longtemps la religion de leurs ancêtres, et continuèrent à adorer Cérès, Pluton et Jupiter. Sous le règne de Claude, un décret du Sénat romain supprima le culte des Druides dans la Gaule celtique.

Il existait dans ce pays un ancien usage qui a subsisté jusqu'en 1545, et qui paraît être un reste des fêtes du paganisme. Sur le soir, après le repas frugal du jour des rois, qui se fait le 6 janvier, dans tout ce pays et sans y déroger, les enfants parcouraient les rues en portant des torches allumées ; cet usage parut choquer la bienséance de notre religion et être même dangereuse pour la sûreté publique. Les officiers de la police firent publier, par ordonnance du 25 février 1543, défense expresse de parcourir les rues avec ces torches, à peine de 20 francs d'amende et la prison. Après cette ordonnance, au lieu de torches, on a porté jusqu'à nos jours, dans tout le pays du Val-de-Saire, des coulines de paille allumées, en courant de place à autre, et criant : Taupes et mulots, sortez de mon clos ou je vous mets le feu sur le dos ; ce qui existe encore aujourd'hui, mais **moins** fréquent.

Sous la Pernelle, au pied de la Roque-Cabart, on voit une fontaine bénie et immédiatement au-dessus une fontaine de Saint-Marcouf. Un peu au-dessus se trouvent une pierre plantée et les débris d'un monument druidique. Il y a dans les halliers de la Roque-Cabart, un trou que l'on appelle le Trou-aux-Fées.

Le Theil

La station romaine dont la majeure partie était sur Montaigu, s'étendait dans le bois de Barnavast qui est sur le Theil, en 1828 et en 1833 on y a trouvé beaucoup de briques près de la maison du garde parmi lesquelles deux tégulœ, chargées d'une couche épaisse de mortier, elles portaient probablement sur le haut de la muraille, elles ont été conservées.

Dans une autre partie du Theil, au bord du bois du Coudrey, dans un terrain en bruyère, près du ruisseau au passage Kerbec, on remarque de petites tombelles. — En 1836 on a trouvé à la Hannière une médaille en or de Domitien portant au revers Cos IIII, avec une corne d'abondance.

Le Vast

Le Vast était le passage de la voie romaine d'Alleaume à Barfleur, aussi il y a beaucoup de traces d'anciennes habitations, on y a trouvé quantité de briques de meules et de médailles surtout à la hauteur du moulin du Houx ; en 1830, en défrichant un morceau du bois de Boutron sur la route de Canteloup, on découvrit vingt-six haches en bronze, qui furent vendues à un fondeur de Cherbourg, au prix de 70 centimes la livre.

En 1420 Henri V, roi d'Angleterre

confisqua cette seigneurie sur Philippe de Vierville et la donna à John Heyne ; c'est au Vast qu'existe la plus belle filature du département de la Manche, elle a été créée en 1803 par M. Fonteuillat, et chose remarquable, elle n'interrompit pas ses travaux, même dans les temps les plus difficiles de l'Etat, où il était si mal aisé de se procurer le coton. Le fils du fondateur fut le continuateur, et enfin aujourd'hui M. Germanière continue avec persévérance.

Il y a au Vast, un autre établissement non moins remarquable, un moulin construit en 1820, d'après le système anglais, il consiste en quatre paires de meules dont chacune donne 120 kilos de farine par heure ; enfin sur la même rivière la Saire, tout près de la filature se trouve l'usine du Houx, pour laminer le zinc. Ces grands établissements sont dus à la famille Fonteuillat et ont beaucoup augmenté la population du Vast où il s'est formé depuis plusieurs années, un espèce de bourg et un marché à blé, tout cela a donné dans cette petite bourgade, une animation commerciale.

Le Vicel

Canton de Quettehou, foire Saint-Jean-Baptiste, près de l'ancienne chapelle Saint-Jean. Le nom de cette commune est évidemment romain, Vicellus était un camp romain, au lieu appelé encore aujourd'hui les Castiaux de Pépinvast ; on a trouvé plus de mille médailles d'argent et de petit bronze, en 1780, au hameau de la Folie, plus de soixante meules romaines au même lieu, d'autres dans le bois de la Folie.

En rétablissant le chœur de l'église en 1820, on a découvert un cercueil de tuf avec son couvercle et les restes d'un squelette dont les pieds étaient tournés vers l'Est, dans le champ la Platine près de l'église, il en fut également découvert plusieurs en tuf à fleur de terre. Dans le bois de la Folie il existait une abbaye dont il ne reste plus que des ruines, l'abbaye du Licornet appelée Vissaire par Robert Wace ; c'était une dépendance de la cure de Barfleur ou plutôt de la Maison-Dieu de Barfleur, à laquelle elle avait été donnée par Guillaume Foliot avant 1223.

Il a existé sur la lande où se tenait la foire Saint-Jean auprès d'une vieille boulangerie, une aubépine d'une beauté remarquable, elle avait un tronc de

deux mètres trente-trois de circonfé-
rence, étant en fleurs on la voyait de
très loin.

Maupertus

Canton de Saint-Pierre-Eglise. Exploratorium romain appelé le Grand-Castel, sur ce terrain il a été découvert plusieurs centaines de médailles.

Montfarville (Anciennement Morfarville)

Ancien château fort où résidèrent quelquefois les ducs de Normandie, rois d'Angleterre, le roi Jean-sans-Terre y coucha le 3 décembre 1203, ce fut la dernière nuit qu'il passa en Normandie,

Chapelle de lépreux au bord de la route d'Anneville à Barfleur.

Des médailles en or ont été trouvées au hameau des Roques, l'une de Néron, et l'autre de Valens. Terrain le plus fertile du département.

Octeville-la-Venelle

Arrondissement de Valognes, canton de Quettehou, population 900 habitants. Il tire son nom de la famille Avenel, fameuse en Normandie, en Angleterre et en Ecosse, qui donna les dîmes à l'abbaye de Blanchelande. Sur une hauteur voisine de la Sinope, on voit l'emplacement d'un camp romain, appelé les Castiaux-de-Biderault. A l'ouest de ce camp, sur une hauteur peu éloignée, on tirait jadis du minerai de fer, qui était fondu au Moulin-de-Biderault.

Dans un terrain dépendant de la cour d'Octeville, appelé la Falaise et le Capelier, on découvre fréquemment depuis longtemps des traces d'habitations romaines.

Quettehou (2,ooo Habitants)

Bourg commercial ; marché deux fois par semaine, et deux foires par an.

Eglise remarquable, à ogives, sur une hauteur, à quelque distance du bourg ; cette église, donnée à l'abbaye Sainte-Trinité de Caen, par la reine Mathilde, femme du Conquérant, repassa dans le XIIIe siècle à l'abbaye de Fécamp.

Quinéville (580 Habitants)

Canton de Montebourg, ne fait pas partie du Val-de-Saire.

Je n'en parle que par sa position sur le littoral et par son antiquité au temps de Titurius Sabinus, lieutenant de Jules César.

Eglise romane, sur un cap, au pied duquel, tout près du château, on voit la vieille cheminée de Quinéville. Ce monument, dont l'origine a été très controversée par les archéologues, avait été très bien nommé par la tradition locale ; mais on ne conçoit pas une

cheminée entièrement isolée. Il y a
quelques années, un coup de vent violent fit tomber sur la vieille cheminée
quelques grands arbres qni enlevèrent
plusieurs mètres de son sommet.
M. Louis du Mesnildot propriétaire fit
abattre les autres arbres et creuser le
terrain tout autour pour y faire de nouvelles plantations, cette opération de
creusement à un mètre de profondeur
prouva que la cheminée n'était pas
isolée, mais qu'elle était au centre d'un
pignon dont la largeur était d'environ
dix-huit mètres. Aux deux extrémités,
les murs en retour d'équerre, annon-
cèrent des cotières et l'emplacement
d'un grand appartement qui avait fait
partie d'une riche léproserie des barons

de Courcy. Il importait de recueillir tous les renseignements sur ce monument, car bien que le propriétaire en conserve les débris dans un appartement et qu'il n'y en eût à reconstruire que les deux tiers à peu près, il ne paraît pas vouloir le rétablir.

Le roi d'Angleterre Jacques II passa quelques jours au château de Quinéville, d'où il a daté des lettres patentes pour créer comte Tenderden, vicomte Tonstall et baron Hales, ce dernier l'avait constamment suivi dans ses malheurs.

Le roi Jacques II était sur la hauteur de l'église de Quinéville au moment de la bataille de la Hougue, et

dit à son compagnon : « Voyez mes anglais, comme ils se battent bien. »

Il existe également une autre colonne
de ce genre sur la propriété de M. le
comte de Pontgibaud au château de
Fontenay, à un lieu qui s'appelle la
Grille ; elle est bâtie en pierre calcaire
de forme carrée et en pointe, d'une certaine hauteur avec inscription sur
chaque façade.

Réville

—

La paroisse de Réville, population
2,020 habitants, est située à l'embouchure de la Saire, entre les ports de la
Hougue et de Barfleur ; elle est avec
Montfarville une des plus fertiles du
département ; il y avait autrefois une
commanderie de Templiers, fondée avec
celle de Villedieu par Henri Ier fils de
Guillaume-le-Conquérant. La nef de
l'église est un bon modèle d'architec-
ture romane. La chapelle Saint-Eloi
qui n'en est pas éloignée appartient à

la même époque, on y remarque des sarcophages en tuf. La mer a beaucoup envahi sur la côte de Réville, elle a en un temps démoli la Croix-de-Saire dont les débris se voient encore sur les rochers maritimes. Le câtel de Réville, offrait naguère sur une hauteur des traces de retranchements effacés par la culture. On y a découvert une quantité considérable de médailles romaines en grand bronze, près de l'ancienne voie de la Hougue à Barfleur.

Toute la côte de cette commune est riche en granit, beaucoup de carrières et de piqueurs y sont employés, il s'en fait une grande exportation pour la capitale sous le nom de granit de Réville.

Sauxemesnil

Cette commune fait partie du canton et de l'arrondissement de Valognes : population, 1,900 habitants; l'auteur du présent manuscrit en étant natif se plait à l'y comprendre, à cause de sa vieille origine (l'église est du xie siècle).

Fabrique de poterie grossière ; jusqu'en 1770, la grande route de Valognes à Cherbourg passait près de l'église et par le calvaire ; ce calvaire fut planté en 1720, à la suite d'une mission ; c'était le lieu où les troupes, allant d'une ville à l'autre faisaient leur halte.

Sur plusieurs points de cette grande commune on trouve des traces romaines; les principales sont dans le bois de Barnavast, au hameau Guerrier et au Mont-Vason; dans les bois très fréquents et très étendus de cette paroisse, il existait autrefois un prieuré de l'If, où l'on sonnait une cloche durant la nuit, pour rappeler les voyageurs égarés, auxquels on devait l'hospitalité, ou ou plutôt on donnait l'hospitalité.

Tout près de ce prieuré a existé une fonderie de fer, à un endroit qui se nomme encore aujourd'hui l'Enfer, très probablement à cause de cette fonderie, appartenant à un nommé Lonlay; on prétend même que dans la prairie où elle se trouvait sous le village de ce nom, il existe encore dans une fontaine des grosses pièces de fer qui en proviennent ; le cours d'eau qui y conduisait est encore marqué « la Bourgine ».

Le minerai qui l'alimentait était extrait dans les bois qui portent le nom du *Minerai*, appartenant aujourd'hui à M. Boigingand et près de Rufosse ; non loin de là existait la grande chapelle de ce nom, qui était un annexe de la mère-église, et bien une chapelle de vœu ; on vient de la remplacer par une église érigée sous le nom de Rufosse.

Dans la vieille église, dans la chapelle sous la Tour, il existe une inscription en vers latin concernant M. Robert Périer, ou Poirier, curé de Sauxemesnil, né à Anderville (Hague) ; la voici :

« Anno millesimo quingento de fide
« quarto Robore Sarta novo turris ad
« astra feror Andervillanûm Robertus,
« gemma *pirorum* me dedit : hesperia
« tunc oriundus Laga Neustria Sclup-
« sit ei rudimenta priora : Minervam
« Francia Sillogicam, juricslam sed
« utra sbine populi curam (remens
« licet), hujus opimam A Serre jam
« patrus sumpsit ; Allente Deo Rorida
« Nereidun, quondam, quem turma So-
« rorum nunc juvat arbores copia multa
« deo. Sband opis est nostræ grates tibi
« solvere dignas sed ferat usque pius
« proemia digna Deux. Vive, Vale,
« Lachesis longum tua Stamina ducat,
« Queis Atropo Sectis, denique vive,
« vale ?..... »

Une autre inscription située près de l'autel du chœur se rapporte à cette même famille ; la voici avec son orthographe et ses abréviations en écriture cursive du xv siècle :

« Cy devat reposset esepulture vena-
« bles et discretes psoner Maistre J.-H.
« Périer, jadis curé de Sideville (?), et
« Katherine, sa mère, natis de Andville
« en la Hague, y trespassert l'an xxxviii,
« le xviii jour de janvier, et le dict
« curé le..... de May. Dieu le pdout.
« Amen. »

Une autre inscription sur le mur en dehors de l'église, près de la statue de Saint-Grégoire ; elle est presque illisible à cause de l'effritement qu'a subi la pierre ; elle est, je crois, funéraire à

la mémoire de Guille Osber, bourgeois
de Vallongnes, et de sa femme, décé-
dés en quatorze cent quatre-vingt. Ces
Osber habitaient du côté de Hiesville;
un des deux avait épousé Marguerite
du Praël, et était sieur de Tollevars, à
Sainte-Marie-du-Mont; il y eut parenté
entre eux et les Hervieu-Maro.

Traduction d'une vieille épigraphe en vers latins
conservée dans l'église de Sauxemesnil

L'an de la Foi 1504
J'élève mon front dans les cieux
Soit pour guetter, soit pour combattre.
Me voici debout à vos yeux,
Moi la tour neuve d'Anderville.
Celui qui me donne à la ville
Est un clerc et non un guerrier.
On le nomme Robert Poirier.
Il naquit au Hague infertile.

En Normandie il fit son premier rudiment.
La France, dans ses mains, alluma doctement
Le flambeau lumineux de la philosophie ;
Et Cadomum se glorifie
D'avoir mis pour coiffure à son chef vénéré
Le bonnet de *Doctor in utroque jure.*

A ce moment, son oncle, accablé d'âge,
(Hélas ! Dieu le voulut ainsi !)
Mourut, en lui laissant pour superbe héritage
La cure de ce pays-ci.

Ce nourrisson des Véréïdes,
Aux baisers de Thétis pour nous a dit adieu,
La balsamique abri de nos forêts splendides.

De t'offrir, ô Poirier, plus généreux qu'un roi,
Remerciement digne de toi,
Il n'est pas en notre puissance.
Mais dans nos cœurs nous prions Dieu
Qu'il daigne lui-même en tout lieu,
Acquitter envers toi notre reconnaissance.

A toi longue vie et santé ;
Puisse Lachésis, pour nous plaire,
Filer sur ses fuseaux ta trame séculaire !
Bref, sois d'Atropos respecté !...
A toi longue vie et santé !

Il a existé dans cette commune une justice de paix où l'on traitait tout bonnement les affaires en conciliation ; le

bureau était situé à la Vicharderie et
existe encore aujourd'hui ; il est de dimension à ne pas avoir servi d'audience ;
il a une superficie de cinq à six mètres
seulement, il n'avait qu'une petite croi-
sée de quatre petits carreaux donnant
sur la pièce de derrière, et une petite
lucarne avec un barreau de fer, donnant sur la cour de cette propriété de
culture, bâti en pierre et torchis.

Cette justice de paix a existé en 1600
et 1700, et dont dépendait la commune
de Sauxemesnil et quelques sections
des paroisses environnantes ; le dernier
juge de paix se nommait Mouchel-
Lafosse, mort vers 1830, au hameau
des Fosses.

Saint-Pierre-Eglise

Chef-lieu de canton, arrondissement de Cherbourg; population : 2.400 habitants. Ce bourg a un marché les mercredis, et plusieurs foires.

On y voit les ruines d'un ancien château détruit par les Ligueurs, sous le règne de Henri IV. Le célèbre de Saint-Pierre (l'abbé Castel) y était né. Le château moderne, bâti par un de ses petits-neveux, est un des plus beaux du département de la Manche. L'abbé de Saint-Pierre mourut à Paris, en 1743; il était né en 1658.

Theurthéville-Bocage

Pour un instant quittons le littoral de la mer, cette commune est située au nord de Valognes et au sud-est de Cherbourg sur un point assez élevé, elle possédait autrefois un château fort situé dans le voisinage de l'église, habité par le propriétaire et seigneur en 1591, il soutint un siège qui dura huit mois contre un sieur Dutourp, chef du parti de la Ligue.

Le carnage y fut horrible de part et d'autre, le seigneur du château et son fils périrent dans le combat, enfin le champ de bataille était jonché de morts, la victoire resta aux catholiques.

Le fameux Dutourp n'ayant pu emporter cette forteresse d'assaut, osa tenter de surprendre Cherbourg pour y entrer par surprise ; cet audacieux partisan crut devoir profiter d'un jour de procession que les habitants de la ville par un pieux usage faisaient à l'extérieur des remparts le jour des Rameaux, et pour cet effet, il fit cacher bon nombre de ses soldats dans la forêt de Brix, à dessein de surprendre la ville ; par malheur pour lui, une femme pauvre qui, chaque samedi allait dans la forêt ramasser du bois pour son chauffage, entendit les soldats s'entretenir du mauvais moment qu'ils feraient passer le lendemain aux habitants de Cherbourg ; cette femme épouvantée s'empressa d'aller le jour même prévenir les autorités militaires de cette ville, qui pour cet effet prirent si bien leurs mesures que la troupe de Dutourp fut taillée en pièces.

En 1745, sur le champ de bataille à Teurthéville-Bocage, il fut découvert beaucoup d'ossements humains ; sans nul doute, ils provenaient des combats qui furent livrés contre le château.

Tourville-Lestre

On y voit près de l'église un tertre conique très considérable, semblable à quelques tombelles en cône tronqué, il est d'une dimension qui pourrait porter à le ranger parmi les mottes de château, il a été entouré de deux fossés dont il n'existe plus qu'une enceinte entière, il est connu sous le nom de Butte, dans un champ contigu au cimetière appelé la Goularderie.

Une route romaine passait dans le voisinage. On voit sur les anciennes cartes les noms de Perray et de Moncheaux qui semblent indiquer des tombelles et une voie ancienne.

La commune de Lestre, en 1213, formait deux paroisses distinctes, l'une sous le nom qui a persisté, l'autre sous celui d'Anglesqueville. Richard avait une baronnie de Lestre, dans le comté de Somerset, sous Henri Ier et sous Henri II. Vers 1150, celui-ci donna à Odon Le Bouteiller, seigneur de Lestre, la seigneurie de Doville, qui avait appartenu à Regnault du Rozel. Cet Odon donna à l'abbaye de Blanchelande, les églises de ces deux paroisses, dont les curés étaient des religieux de cette abbaye. Cette donation explique les deux inscriptions qu'on voit dans le chœur de l'église de Lestre, à droite près du sanctuaire, à sept ou huit pieds dans la muraille.

La première est ainsi conçue : « Cy devant gist frère Nicolas Aneroult, natif de Criens, en son vivant abbé de Blanchelande, prieur, curé de cette ville, qui décéda le onzième jour de juing 1557, Dieu en ait l'âme. » L'autre inscription est immédiatement au-dessous, comme il suit : « Frère Nicolas Le Longuer, natif de Néhou, chanoine régulier, profès de l'abbaye de Blanchelande, ordre de prémontré, prieur, curé d'Anglesqueville-Laître, y a fait bâtir la sacristie et allonger le chœur de vingt-quatre pieds, en 1714. »

Le titre de ville doit paraître assez singulier pour une simple bourgade.

On voit aussi qu'en 1714, le nom des deux anciennes paroisses était encore conservé, mais réuni en un seul.

En 1562, les protestants en allant à Tatihou chercher de l'artillerie pour battre le château de Valognes qu'ils assiégeaient et où commandait Louis d'Ursus, seigneur de Lestre. Les chefs des protestants qui assiégeaient le château de Valognes étaient les seigneurs d'Agneaux et Sourdeval, il fut fait une enquête au tribunal de Valognes en 1578 sur ces dévastations.

La famille à laquelle appartenait Louis d'Ursus, avait acheté dans le XVe siècle, la seigneurie de Lestre, d'un seigneur nommé Capedelaine. Des fouilles furent faites il y a cent cinquante ans pour y trouver de la houille par un nommé Mathieu, ensuite par Sorel qui poussa le puits à une grande profondeur, on y trouva un grès micacé et des têtes de clou et quelques pétrifications de la famille des entroques.

La ligne droite du pont Barbot, sur la route romaine de Saint-Cosme à Barfleur passait par la grève, il en existe encore des traces à Grenneville, à Morsalines et à Quettehou. Quelques personnes ont encore connaissance de maçonneries très solides sur la roque de Lestre, ce qui prouve que la mer a un peu dévoré sur cette rive, jusqu'au rivage de Morsalines qui a résisté et qui touchait à Isamberville dont il ne reste que la chapelle qui atteste le passé sus-cité. Ces maçonneries en mer ne découvrent que dans les plus hautes marées d'équinoxe, dans cette contrée on a trouvé beaucoup de médailles du haut empire.

En novembre 1893, on a béni en grande cérémonie, la statue de Notre-Dame de la Délivrande d'Anglesque-ville, comme on le voit, la date de 1213 est encore vivante.

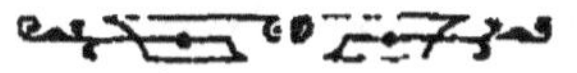

Valcanville

Canton de Quettehou, 1,250 habitants ; foire considérable le 25 septembre. Anciennement attachée à une commanderie de l'ordre de Malte, qui avait d'abord appartenu à l'ordre des Templiers, détruit au concile de Vienne, sous le règne de Philippe-le-Bel. Une voie romaine traversait Valcanville, on y a trouvé des traces d'habitation près du moulin du Houx et une grande quantité de médailles en grand et moyen bronze, toutes du haut empire, près du laminoir de M. Mosselman.

En bâtissant le presbytère il y a quelques années, on détruisit un petit bâtiment qui avait servi autrefois de logement au commandeur et qui servait de presbytère dans le dernier siècle ; sous une pierre qui servait de seuil entre la cuisine et le cellier de ce vieux bâtiment, on trouva un pot de terre dans lequel on avait autrefois renfermé un trésor de 366 pièces d'or, frappées généralement depuis le commencement jusqu'au milieu du xve siècle ; c'était en grande partie le temps de l'occupation anglaise, les trois quarts au nom de Henri VI, roi d'Angleterre, et pesaient 12 fr. 50 chaque. Le trouveur, qui était un maçon de 18 ans, en eut la moitié pour sa part légale, et la commune l'autre. Il est présumable que ces pièces avaient été cachées par le commandeur de ce temps, avec l'intention de les envoyer à Rhodes, les temps étant devenus dangereux, il les avait mises en sûreté.

Enfin, le but que l'auteur s'est proposé d'atteindre, c'est principalement de donner la copie textuelle des deux titres qui en font l'objet, arrachés du néant, et de ménager entre eux un point de comparaison qui est énorme, tant par leur date respective que par leur composition, deux siècles les séparent, ils ont été faits à une distance de quatre lieues les uns des autres par des habitants de leur contrée afférente, et, dans l'orthographe, dans la forme, dans

les dictons et proverbes, il n'y a aucun
rapprochement, si bien qu'après les
avoir lus, pour celui du Moine de Saire,
on se croirait dans les antipodes, tandis
qu'il a été fait au château de Réville,
et l'autre au baillage de Tamerville,
près Valognes, à quatre lieues de distance.

Dans le Val-de-Saire, on doit le répéter, tout cela est encore vivant sur la
thèse de ce passé, d'une manière irréfutable, toute cette contrée possède
encore ses usages et ses traditions, et
le seul bonheur de l'auteur, c'est d'avoir
pu donner à ces titres le jour qu'ils
avaient perdu, et de pouvoir les transmettre aux générations futures, pour
attester ce qu'ont su si bien conserver,

sans y rien altérer, les habitants de ce pays.

Pendant que nous sommes sur le littoral de la mer, disons donc un mot de la côte orientale du département de la Manche, à cause d'un vieux passé, la faible[encâblure qui nous sépare de ces vieux débris [de la France (sans conquête), qui font partie de la Grande-Bretagne aujourd'hui, à notre bien grand regret, surtout étant acquis par rapine, ayant toujours appartenu à la France, comme on va le voir.

Iles de Jersey et Guernesey

A l'occident du département de la Manche existent plusieurs îles ; les plus importantes sont celles ci-dessus désignées, ayant de tout temps appartenu à la France, selon Sivrey.

Comment se trouvent-elles appartenir aujourd'hui à l'Angleterre? Beaucoup de gens, quoique ayant passablement étudié l'histoire, seraient embarrassés pour s'en rendre raison, sans demander le temps d'y réfléchir; les habitants parlent le langage de la partie septentrionale du département de la Manche, et, dans leurs campagnes on trouve absolument les mêmes dictons et proverbes.

La raison pour laquelle ces îles appartiennent aujourd'hui à l'Angleterre, ayant bien réellement, en un temps, fait partie de la Normandie, la voici :

Pendant que la Normandie fut gouvernée par ses ducs, ces îles firent partie du domaine ducal, et non de la Grande-Bretagne, que Guillaume-le-Conquérant sut y ajouter, quand Jean-sans-Terre, dernier duc de Normandie, assassin de son neveu, eut perdu cette province, par suite de la confiscation qu'en prononça la Cour des Pairs de France, et lorsque le roi Philippe-Auguste en eut pris la possession. Ces îles ne furent point envahies comme le duché, et, restant attachées à la Grande-Bretagne, elles n'en ont jamais été démembrées depuis ce temps-là ; tous ceux qui les connaissent diront avec l'auteur : c'est un tort.

Les seigneurs normands, qui possédaient des domaines dans ces îles et dans le Cotentin, ne pouvant, d'après le principe du système féodal, servir deux maîtres à la fois, les seigneurs de Paisnel d'Ourville, Pinel d'Aumeville, laissèrent confisquer leurs propriétés des îles comme étant moins importantes que celles qu'ils possédaient dans le Cotentin.

Il résulte des anciennes légendes que la religion chrétienne fut prêchée dans ces îles par saint Samson et saint Magloire, du diocèse de Dol, et par saint Marcouf et saint Hélier, du monastère de Nanteuil, aujourd'hui Saint-Marcouf de l'Isle.

Ces prédicateurs y firent de grands progrès, ils y firent bâtir des églises en différents endroits ; celle de Jersey porte le nom de Saint-Hélier, son fondateur.

Le premier monument géographique qu'on trouve à leur égard, est l'ouvrage intitulé : *Itinéraire d'Antonin* où l'île de Guernesey figure sous le nom de *Gernia*, Jersey sous celui de *Césaréa*, et Aurigny sous celui d'*Aurica*. Quant au nom de Césaréa donné à celle de Jersey, on ne sait pourquoi et comment, le livre noir de l'évêché de Coutances, qui contient un détail de toutes les paroisses du diocèse au commencement du XIIIe siècle, suppose que César alla visiter cette île, lui donna son nom en y établissant des Romains pour la cultiver. Il est prouvé tant par ce livre noir que par l'*Itinéraire d'Antonin*, que Jersey et Guernesey ont toujours été des îles, il est aussi très vraisemblable, et même certain que la proximité a été beaucoup plus grande avec la France; il est constant que, depuis un temps immémorial, la mer dévore les rivages de notre presqu'île. On vante encore aujourd'hui à Jersey, comme chez nous, de prétendus titres qui ont dû faire mention de ponts et chaussées, servant à la communication des îles avec le continent y désigné, le Cotentin.

Lorsque les Normands (gens du Nord), ravageaient toutes les côtes de la Gaule, et spécialement de la Neustrie, ils débarquèrent à Jersey où ils incendièrent toutes les habitations et les églises, et plus tard un normand, nommé Hamon, fit rebâtir une église, qui fut quelque temps après annexée à l'abbaye de Cherbourg, et lorsque la Neustrie fut concédée à Rollon, les îles firent partie du diocèse de Coutances.

Le Baron de Rullecourt à Jersey

Dans la nuit du 6 janvier 1781, le baron de Rullecourt, major-général des volontaires de Nassau, avec 1.200 hommes de la Légion du chevalier de Luxembourg, tenta de s'emparer de l'île de Jersey.

Un capitaine de navire marchand, nommé Pégnier, de Blainville, près Coutances, commandait le navire de débarquement ; vers les trois heures de l'après-midi, les troupes qui étaient dans l'île de Chausey s'embarquèrent, elles arrivèrent en six heures, près de l'île de Jersey ; par une entente malheureuse il ne descendit que trois cents hommes, à la tête desquels était le baron de Rullecourt, commandant la petite troupe ; il se dirigea vers la ville de Saint-Hélier et s'en empara ; le gouverneur fut surpris et saisi dans sa maison ; il signa une capitulation sur la place du Marché ainsi que les principaux habitants de la ville.

Par manque de précaution, les Français ne s'étaient pas encore saisis du port et du château qui le domine et le défend, que déjà les habitants de Jersey, s'étant réunis, s'emparèrent d'une des hauteurs, et de là, ils foudroyèrent la petite troupe de M. le baron de Rullecourt ; ils étaient 4.000 contre 300 ; le com-

bat fut vif et dura trois heures ; le
baron reçut plusieurs coups de feu
et succomba bientôt après, sans secours
de sa troupe, qui était restée avec ba-
gages et munitions, sous la conduite du
major d'Herville, sur les navires ; elle
ne débarqua point, la côte étant très
difficile, les 300 combattants furent
prisonniers.

Le moment avait été très mal choisi
pour l'attaque, ce jour étant par tradition une fête normande dont les habitants, qui ont l'usage de fêter les rois
mages et de se livrer ce jour-là à la
bonne chère et à la boisson, veillaient
en festoyant, et revenus de leur frayeur,
reprirent l'offensive comme il est dit

précédemment, et harcelèrent les téméraires assaillants.

Les habitants donnèrent une sépulture au vaincu; sur la tombe ils érigèrent une colonne sur laquelle ils gravèrent l'inscription suivante :

« Ci-gît le corps de M. le baron de
« Rullecourt, officier général français,
« qui dans la nuit du 6 janvier, envahit
« cette île à la tête de 300 hommes,
« surprit le gouverneur et les magis-
« trats et les fit prisonniers de guerre;
« heureusement qu'au point du jour,
« les français, attaqués par la garnison
« et la milice, aux ordres du brave
« major Pierson, qui y perdit la vie,
« furent totalement mis en déroute.
« Le gouverneur et les magistrats

« recouvrèrent leur liberté, et l'île fut
« délivrée par la destruction et la capti-
« vité des envahisseurs. Le baron de
« Rullecourt y succomba, et cette pyra-
« mide est moins un monument à la
« mémoire d'un ennemi, qu'elle n'est,
« ô Jersey, un avertissement pour
« vous et pour vos enfants, de donner
« à l'avenir plus d'attention à votre
« sûreté. »

Des 300 combattants français, une
partie succomba dans l'affaire, qui fut
très chaude ; quelques-uns s'échap-
pèrent et le reste fut fait prisonnier.

Biographie de Bisson, Seigneur de Hambye

En passant, qu'il soit permis à l'auteur de rappeler un trait de ce brave chevalier, et pour mémoire seulement.

Dans un temps, les habitants de l'île de Jersey étaient dans la grande désolation ; un énorme serpent ou dragon, dont le corps était couvert d'écailles, faisait à chaque instant des ravages parmi la population ; il était d'une immense force.

Le seigneur de Hambie ayant eu connaissance de ses ravages dans l'île,

arrive à Jersey pour le combattre,
accompagné d'un seul écuyer ; les insu-
laires les conduisirent en tremblant vers
l'endroit où le monstre faisait son séjour ;
leur frayeur était telle, qu'après avoir
indiqué le lieu de loin avec la main, ils
s'enfuyaient au plus vite vers leur de-
meure, n'osant rester spectateurs de ce
qui pouvait arriver pendant le combat.

Le brave guerrier ne tarda pas à
apercevoir le dragon se roulant sur le
gazon de la vallée ; aussitôt il s'élance
visière baissée et la lance en arrêt contre
ce formidable ennemi ; le fer se brise
contre la dureté de ses écailles ; pendant que le cavalier tire son glaive, le
serpent s'élance sur son cheval, qu'une
morsure empoisonnée ne tarda pas à

priver de la vie. Le chevalier se débarrasse de ses étriers, et ici commence un combat effrayant ; l'écuyer qui l'accompagnait n'y pouvant tenir, se sauva sur une éminence voisine ; le bruit que faisaient les dents et les griffes de l'animal sur l'armure en acier dont heureusement le chevalier était couvert, retentissait au loin ; quelques coups d'épée bien dirigés pénétrèrent enfin dans ses entrailles et dans le gosier ; aussitôt le sang et le poison commencèrent à couler abondamment ; enfin, après une lutte de plus de deux heures le monstre fut tué.

L'écuyer, voyant la chance du combat tourner du côté de son maître, s'étant approché de lui, s'empressa de le débar-

rasser de ses armures qui étaient empes-
tées du sang et du poison du monstre ;
une lutte aussi longue avait épuisé les
forces du héros ; après avoir repris haleine il s'endort ; c'est alors que l'écuyer,
craignant un reproche de son maître,
profita de son sommeil pour l'égorger.

Après son crime accompli, il va
ensuite rejoindre les habitants de l'île
que la peur avait constamment tenus
éloignés du lieu du combat, et d'un air
tout affligé, il leur en raconta l'issue,
comme si le chevalier de Hambie avait
péri par les morsures du serpent, et
comme si lui, son fidèle compagnon
avait vengé sa mort en plongeant son
épée dans le corps du monstre.

Ce récit est cru, le seigneur de Hambie est enterré sur le lieu de son malheur, et les crédules Jersiais attestent comme témoins que les choses se sont ainsi passées.

Muni de ce témoignage qu'il avait eu soin de faire revêtir du sceau des principaux de l'île, nanti de ce titre il retourne à Hambie, et se présente comme étant le vengeur de la mort de son maître ; il fut reçu dans la famille avec les plus grands honneurs, et personne ne parut soupçonner sa scélératesse ; il fut nommé chevalier du château de Hambie.

Le Ciel ne permit pas que le criminel obtint le prix de son forfait, en le frappant d'un châtiment exemplaire. Quelque temps après il fut saisi d'une fièvre ardente, il avoua son crime; une information scrupuleuse eut lieu et confirma cet aveu; il fut alors dégradé de l'ordre de chevalerie et pendu en dehors des murs du château de Hambie.

La veuve infortunée fit élever un tombeau à son mari dans l'île de Jersey, sur une éminence qui s'appelle encore aujourd'hui la Hougue-Bie.

Nainville (Seine-et-Marne)

(Antédiluvien)

—

A cette histoire qui précède et qui n'est dans son ensemble qu'un court détail pris en passant sur le Val-de-Saire, où sont consignées seulement les appréciations de l'auteur. Le présent a le même point d'intérêt dans le passé, sans la mer qui en est déménagée ; de cette digression en changeant subitement de pays, celui qui visitera le coin dont il est question ici, connaissant le pourtour de Tatihou et de la Hougue, excusera l'auteur ou plutôt il l'applaudira, et il verra les grèves sans la mer.

En partant de Paris par le chemin de fer de Lyon, et s'arrêtant à Moulins Galand, sur la rive gauche à douze lieues de Paris, l'auteur s'est trouvé invité chez M. Dumay, Ingénieur, propriétaire à Nainville, à deux lieues de Moulin-Galand, pour visiter le domaine de MM. Cahen d'Anvers.

En entrant sur ce vaste domaine, où tout dans la nature offre l'aspect le plus attrayant, le plus saisissant et le plus vivant des grèves de la mer, le passage antédiluvien est là resté complètement à découvert et tout plein de vie, par son reflet dans les yeux du touriste, on se trouve en présence d'un second Tatihou (Manche) pour celui qui le connaît, ce lieu s'appelle le Châlet à cause d'un belvédère placé au sommet d'une montagne fort haute et très accidentée tout autour par des ravins ; de ce belvédère on découvre toutes les campagnes environnantes à une telle distance que la vue n'a pas de limites, ce point culminant est le seul qui déroge des rochers qui entourent Tatihou, et aussi en ce sens que ces rochers sont en grès au lieu d'être en granit.

Toutes ces roches sont lavées par la mer et se trouvent étagées et superposées les unes sur les autres, au fur et à mesure du dépouillement jusqu'au fond des ravins, et complètement dépouillées.

des terres dans lesquelles elles ont poussé, celles qui ont roulé sont arrondies et sont encore ensablées dans du vrai sable de mer, c'est une telle ressemblance qu'on reconnaît tout de suite se trouver entre la pleine mer et la presqu'île de Tatihou, c'est tellement la grève qu'on croirait qu'on va découvrir des ancres de marine accrochées à ces rochers ou quelques épaves d'un navire naufragé.

En gravissant cette colline au sein de cette vie maritime, l'auteur ne put contenir sa surprise, il lui donna son libre cours, il lui semblait réellement que les criques et les houles où se logent les congres et les crustacés allaient le tenter de fouiller ; de ses exclamations

et de ses suprises, ses hôtes qui le gui-
daient dans cette forêt de pierres, n'y
pouvaient rien comprendre, nés dans
ces parages et n'ayant jamais parcouru
les rives de la mer, ils restaient surpris, ébahis de le voir fouiller tous ces
coins avec un intérêt tant marqué et
très empressé.

Enfin on gravit la colline avec un peu
d'empressement et par un peu de pluie;
arrivés au sommet de la colline après
cette longue et rude ascension, on se
reposa un peu sous le châlet du belvédère, qui par un heureux hasard, se
trouvait ouvert; on examina longue-
ment ce point de vue qui est d'une
rareté tout exceptionnelle à cause de
son élévation, le temps était devenu

clair après la pluie, et c'était un découvert sans limite ; après un court repos on se disposa à effectuer la descente, en sortant du châlet à quelques mètres et en contrebas, longeant le sentier sur la gauche, on se trouve en face d'une très belle pierre d'une surface assez grande, posée à plat sur d'autres roches ; sur cette pierre à face plate, se trouve le logement d'un sphinx de mer, parfaitement moulé, ce logement est d'un creux pouvant contenir une trentaine de litres d'eau, et le pourtour de ce trou est encore pourvu de sable durci qui fait corps avec la pierre et qui était adhérent à la carapace du sphinx, l'empreinte moulée dans cette pierre est d'une beauté remarquable,

les parois intérieures sont très nettes
et bien dessinées, c'est un objet facile à
mouler et qui donnerait une entière et
bonne confirmation de ce qui précède,
touchant le passage de la mer dans
toute cette contrée.

Auprès de cette colline, dont toutes
les pierres ont été dépouillées par la
mer, il en existe une autre bien moins
haute que la première et y attenant,
qui n'en est séparée que par un ra-
vin qui se trouve bondé des pierres
qui sont descendues des deux collines au fur et à mesure que la
mer les dépouillait de leur terre; il
en existe qui ont des formes très bizarres, elles ressemblent en tous points

à des animaux de notre époque, tels
que chameaux, éléphants, etc., etc.

C'est avec un bien grand regret que
l'auteur s'est trouvé forcé de quitter
ces lieux et d'abréger son excursion
dans ces parages si curieux et si intéressants.

A très peu de distance de cet endroit,
se trouvent deux énormes mamelons très
hauts et d'une certaine étendue, on les
nomment Tarte-Blanc et Tarte-Noir, à
cause de la couleur du sable qui les
compose; ce qui est surprenant, c'est
la couleur, et malgré qu'ils se touchent
par le pied, et que ces deux montissels
sont composés d'un sable très fin et
comme tamisé, sable apporté et déposé
par la mer.

En ce que ce sable n'est pas de la même couleur, et qu'il est sans aucun mélange de pierres, on doit en conclure que tout s'est opéré par l'effet de la mer ; pour le tout, elle charriait pour l'un sur un fond blanc et pour l'autre sur un fond noir, ce qui en fait le phénomène qui n'est pas à portée des connaissances de tout le monde, mais sa finesse est due à l'élément de la mer.

Dans toute cette contrée, le touriste amateur peut s'arrêter à chaque pas et contempler partout les traces antédiluviennes. A quelque distance de là est la forêt de Fontainebleau, dans le même sens, c'est encore un point tout vivant ; on peut s'en rendre un compte très exact, en voyant les pierres fournies pour la construction de la cascade du bois de Boulogne, près Paris, qui en sont provenues, et que la mer a lavées et décorées de la nature des rives.

C'est une confirmation entière de cette époque sur ces choses si surprenantes, on se trouve cloué et convaincu, en prenant pour comptant l'état actuel de ces contrées, qu'on est forcé de mettre en présence de ce passé, et on doit se dire que la production actuelle de ce pays diffère énormément de celle de cette époque, qui devait être le poisson de mer et les coquillages, remplacés par le chasselas de Fontainebleau, c'est une bien étrange diversion en voyant ce premier produit remplacé par le fruit; et tout cela s'est opéré sans qu'un historien, jusqu'à ce jour, ait pris la plume pour mentionner et même attester ce bouleversement phénoménal, qui est incontestable et qui est tout vivant.

L'auteur n'ayant pu résister au désir d'en donner une courte explication en terminant, ne s'arrête pas sur tous ces points qui seraient d'une étude facile à méditer et à traduire par un historien expérimenté; mais n'ayant fait que passer devant ces restes du passé, l'auteur prend la place du voyageur pressé qui ne peut voir toutes ces choses qu'au coup d'œil superficiel, et apprécier tout au naturel, comme les grèves de la mer, on doit le répéter sous la plus haute affirmation, et si quelqu'un de mes lecteurs a vu les rives de Tatihou, en passant devant les objets signalés, il s'arrêtera pour contempler, et je serai excusé de ma digression en passant d'un pays à un autre, j'en serai même félicité.

Là ne se bornent point les seuls fragments qui attestent le passage de la mer que l'on rencontre dans Paris et les alentours ; à plusieurs endroits il s'en trouve qui sont irrécusables. J'en citerai un qui fut découvert pendant la construction du fort de Charenton ; en creusant les fondations du bastion du sud-est à une profondeur de six à sept mètres, il fut découvert un énorme banc de coquillages, tel qu'il s'en trouve aux rives de la mer ; composé de moules, huîtres et coques, etc., sans aucun mélange de terre, le tout était très bien conservé et enfermé sous une couche de terre un peu compacte, ce qui avait empêché l'air d'y pénétrer, et avait par conséquent contribué à la conservation entière de ce dépôt.

Il en existe à plusieurs endroits dans Paris et les alentours, qui attestent ces temps antédiluviens. Je citerai entr'autres celui que j'ai sondé et connu à fond, au Trocadéro, rues Croix-Bois-sière et Cimarosa ; en 1865, il se com-posait de deux buttes de sable de mer très fin et très sec, renfermant quelques pétrifications assez curieuses, des pierres composées de ce sable se sont formées et durcies, et avaient entre elles de très drôles de formes, les unes ressemblaient à un saucisson lié

et les autres à un rognon de bœuf piqué,
mais le tout très naturel.

En terminant, le lecteur me per-
mettra de donner mon idée sur le
procédé de la nature, qui a aidé à cette
formation ; ce sable fin qui est comme
tamisé et absolument semblable à
celui de la mer, se trouvait pour cette
formation enfermé sous une couche
de terre très compacte ; or, à travers
cette couche, il a dû s'infiltrer quelques gouttes d'eau qui ont pénétré
jusqu'aux sables mouvants et secs ;
chaque goutte, en atteignant ce sable,
a formé son globule arrondi, comme
celle qui tombe dans la farine et
qui fait boule ; ceci a formé des
pommettes absolument comme celles

du rognon ; sans air, elles se sont pétrifiées et durcies comme de la pierre ; tel a été le point déterminant et l'origine de leur naissance.

LE POITTEVIN JEANPOT.

TABLE DES MATIÈRES

IMPRIMERIE LOUIS LUCE